OMUP ブックレット No.59

自由と人権
—社会問題の歴史からみる—

林 尚之・梅田直美

序章　問題の所在

林　尚之

国連憲章及び世界人権宣言には「基本的人権と人間の尊厳及び価値と男女及び大小各国の同権とに関する信念をあらためて確認し」「人権及び基本的自由の普遍的な尊重及び遵守の促進を達成することを誓約した」として、人間（個人）の尊厳の尊重と遵守がすべての地球上に存在する人民と国家の格率であることが定められている。第二次世界大戦後の国連憲章、国際人権章典、人権条約に連なる思想潮流のなかで生まれ落ちた日本国憲法が「人間の尊厳」尊重という人類普遍の原理に立脚していることは論を俟たない。日本国憲法の根本原理は、「個人の尊厳」の尊重にある。基本的人権、国民主権主義、平和主義といった三大憲法原理のうち一つ欠けても、憲法価値としての「人間の尊厳」の尊重は実現されない。では、はたして戦後日本は憲法価値に相応しい国家や社会を構築できたといえるだろうか。

現代社会における生存を取り巻く環境は年々厳しくなっている。ナショナルミニマムの底抜け現象を教育、雇用、医療、福祉、社会保障とあらゆる分野にみることができる。戦後日本では、久しく企業社会がセーフティーネットの役割を担ってきた。終身雇用制、年功序列賃金制、企業別組合といったいわゆる日本的経営は、様々な問題を抱えながらも、社会的格差の最小化をはたしてきた。一九八〇年代に行革の名の下で様々な規制緩和が行われた。なかでも国民生活に重大な変化をもたらしたのが一九八五年の労働者派遣法の制定である。その後、労働者派遣法は対象業務の拡大のための改定を繰り返し、非正規雇用の比率は年々増加し、二〇一五年には全体の四〇％を占めるに至っている。行革という小さな政府の流れで、画期となったのは、「聖域なき構造改革」をスローガンにした小泉内閣の誕生である。新自由主義的潮流が社会を覆うなかで、行政部門が担っていた分野の民営化が急激に進行した。このような傾向は民主党政権、現在の安倍政権まで続いている。

そして、日本社会にとって不可逆的な転換点となったのが東日本大震災であり、福島第一原発事故であった。福島第一原発事故がわれわれに容赦なく突きつけたことは、例外状況において原子力利権の存続のためなら、国家は法から遺棄された生存状態（棄民）をつくりだすことも厭わないという峻厳な事実である。かかる二一世紀が老若男女問わずだれもが生存を脅かされるような時代の到来を意味しているとすれば、現代ほど人権という価値が試されている時代はないだろう。

では日本国憲法において人権はどのように構想されてきたのだろうか。このことをまずは憲法学の議論からみていきたい。基本的人権は、日本国憲法の第九六条に定められた憲法改正権でも改定できない根本規範である。憲法以前的権利として、いわば自然権として位置づけられた基本的人権は第一二条、第一三条の文言の通り「公共の福祉」によって制限される性質のものである。

戦後憲法学での基本的人権の制限についての通説は、諸個人の人権相互の軋轢を調整する実質的公平の原理として「公共の福祉」をとらえ、さらに「公共の福祉」による人権制約を人権それ自身による自己制約とした宮沢俊義の一元的内在制約説である(一)。

この宮沢の一元的内在制約説によれば、「公共の福祉」は、基本的人権それ自体に腹蔵されている内在的制約原理である。つまり、人権は本来的には無制約であるからこそ、人権は自己自身によってしか制約されない。こうした人権概念は、政治学や憲法学で様々な観点から批判されてもきたし、また擁護されてもきた。

現代憲法学では人権を実定法上の権利に限定して解釈する説が主流となっている(二)。周知の通り、これまで憲法学で人権論をリードしてきたのは奥平康弘、樋口陽一、佐藤幸治である。三者に共通しているのは、人が生来的に有する普遍的権利としての人権と実定憲法上の権利とを峻別し、後者の憲法上の権利の実効性を高めることを憲法学の課題として位置づけている点である。実効性とは司法裁判所での人権救済を意味している。違憲審査の場面で憲法上の権利が保障されることが重要であるため、人間の多種多様な欲求を人権に包摂することには慎重であった。なぜなら、外延を限定しない普遍的人権は「人権のインフレ化」を招き、権利のオーダーが増えたことで、裁判によって権利保障されない権利（憲法学の対象とされない権利）が増大しかねないからである。また、権利のオーダーが無限に増えかねない普遍的人権を相手にするよりも、憲法上の権利を相手にしたほうが政治過程との関連で出される憲法解釈に対して、裁判所に通用するような厳格な憲法解釈を提起することができるからである。実定法上の権利を重視する立場は当然のことながら、人権の主体に、裁判闘争といった権利をめぐる闘いを担う強い個人を、つまりは、理性的判断能力を有した（一人前の）自律的個人を想定することになる。このような議論は、畢竟、近代人権概念それ自体が非理性的な人間の排除の上に成り立っているという批判をまぬがれないだろう。

以上のように、現代憲法学は実定憲法に準拠して人権を把握してきた。一方、政治学（政治哲学）は、むしろ（憲法学が半ば自覚的に棚上げにしてきた）実定法の世界の外部にある人間の権利に注目して、人権の根拠を究明する議論が中心となっている。そのなかでも3・11を経験したわれわれにとって注目すべきは、政治哲学の、ジョルジョ・アガンベンの議論であろう(三)。それは古代ローマのホモ・サケルという法の外に遺棄された存在を実例にした、全ての権利を奪われた剥き出しの生存を産出することが主権的権力の本来的な能力であるという議論である。アガンベンは、法を制定するとともに、法が存在しなければ純粋な生物学的生すら維持されない状態＝法の外部を創り出す主権的権力の権能との関わりにおいて、人権は例外＝法の外部を前提にした排他的な権利であることを明らかにしている。アガンベンによれば、主権とは法の外部と内部、排除と包含といった境界線を決定する力であり、法の内部に法が適用されない剥き出しの生存（例外）を析出する点で法外なるものを前提にしている。要するに、法権利を宙吊りすること、つまりは法によって生を締め出し、法的保護から剥き出しになった生存に対して、法外の力（生殺与奪の権）を行使することが主権の主権たる所以なのである。この意味で、生の締め出し＝境界線の決定こそが主権の構造を形作っているといえる。

こうした議論は、主権的権力の特質を人権の外部たる剥き出しの生存から逆照射するものであり、人間を法の外部である歴史世界のなかでとらえる歴史学にとってその知見は示唆に富んでいる。では、歴史学は生存のリアリティを把握できているのだろうか。

小泉政権下での新自由主義の台頭、3・11という日本社会を直撃した生存の危機は、人間の生存をめぐる問題を歴史学の現代的課題として浮上させるには十分すぎる出来事であった。二〇〇八年の歴史学研究会大会において、大門正克が「序説『生存』の歴史学―『一九三〇〜六〇年代の日本』と現在との往還を通じて―」というテーマで報告したことを契機にして、二〇世紀日本における「生存システム」の歴史的特質が問い直されている。大門が提起する「『生存』の歴史学」は、「生存」を国家、社会、市場と人々の行為の構造的連関から総体的にとらえる試みであった(四)。二〇一一年の日本史研究会大会は、全体会シンポジウムのテーマとして「歴史における『生存』の構造的把握」を掲げ、より国家と社会との構造的連関の分析を重視することで、「生存のシステム」の特質を描き出すことをめざすものであった(五)。大会報告者である高岡裕之は、主に戦時期から戦後を中心にして、西欧福祉国家とは異なる「社会国家」化のプロセスとしてとらえ、恐慌下の農村危機に際して、相互扶助のシステムではまかないきれない医療問題を中心に、戦時社会政策が積極的に推進されたことを明らかにしている。こうした歴史学の試みは、権利ではなく、生存に随伴する関係性として人々の生活をとらえるものであった。人間存在を権利よりも生存からとらえるのは、人間を社会的諸関係の総体としてとらえる枠組みを歴史学は前提にしているからである。それは歴史のなかで人間を対象にする歴史学特有の視座であろう。しかし、人間を社会的諸関係の束としてとらえる枠組みはほんとうに妥当なのだろうか。社会内存在として生きながらも、社会に否応なしに背馳してしまうのが人間存在なのではないだろうか。

3・11以後、だれもが潜在的な剥き出しの生であることを強いられる現代社会では、社会のなかで人間存在をとらえるだけでは不十分である。生存は、法や社会の安定のもとで成立するが、人権はむしろ法や社会の枠の外をきりひらく革命と不即不離の関係にある。さらにいえば、国家の統治機能との関連で人権の意味を解くだけでは把握できない問題地平から人権という出来事をとらえる必要がある。アガンベンの議論にあったように、主権は外部を僭称する権力でもあるが、本書が究明しようとしているのは、公権力が僭称する外部の「外」としての人権という出来事の比類なさである。国家、社会、市場との構造的連関の外部にこそ人権の母胎となる世界が広がっているのである。だから、人権を問い直すことは、国家、社会、市場には収まらない外部の世界を歴史的実在として把握し検討することでもある。

近代史において、剥き出しの法外の人間存在にむきあうことで歴史を検討しようとしたのが、女性史（ジェンダー史）や社会事業史、社会運動史であろう（六）。なかでも近代的権利概念に対して根底的な批判を行ったのがフェミニズムを経由した女性史である。女性史は近代の人権が想定する主体が男性であることをつまびらかにし、その虚構性、抑圧性を炙り出した。カルチュラルスタディズや「言語論的転回」を通過した歴史学にとって、女性史の近代批判は、当初、歴史の主体として西欧近代の自律的主体を評価基準にしてきた、戦後歴史学の方法がはらむ問題性を浮き彫りにしたという意味で看過できない。

歴史学が戦前日本の社会に女性の権利の不在をみたのに対して、女性史は、抑圧的な状況においてもなお権利を主張した女性たちの闘争の軌跡を、当事者の側から内在的に掘り起こすものであった（七）。女性史の知見が示唆しているのは、どのような法的担保や社会正義がなくとも人は権利を正当なものとして主張できるという事実である。人は自らの内側の確信に基づいて自らの権利を主張してきたという歴史的事実を出発点にしてこそ、人権の新たなとらえ直しが可能になる。それは国家、社会、市場の外部から人間存在を究明する試みでもある。国家、社会、市場から締め出された生（外部）にむきあうことでしか人間の生存（存在）のリアリティはとらえることはできない。

そもそも人権は法（神の法）を破砕する自由として歴史に現前したことを忘れてはならない。かかる人権の歴史は世襲的権利や実定的権利から遺棄された人間存在の自己主張からはじまった。法的権利のまえに、法のまえに、そういった自由に基づき融通無碍な権利要求があったということ、このことの意味をもう一度あらためて問う必要がある。

人権が絶えず基礎づけられてきたのも、自由の自由たる所以がその根底的な無根拠性にあるからである。人権は人権にのみ還元できるという意味で、自己準拠的であり、自己創造的な性格を持っている。たとえば、借金を返さない自由、社会に参加しない自由、働かない自由、納税しない自由、法を犯す自由、人権を破棄する自由まで枚挙すればきりがないが、要するに権利濫用と非難される主張を行使する自由を人は先験的に保有している。正当な権利として認定されるかは別にして、人にはどのようなことも主張することが許されている。人間には本源的にすべてが許されているからこそ、法的権利を獲得することができたのである。言い換えれば、法からの遺棄＝自由が逆説的にも普遍的権利の創設を可能にしたといえるのではないか。歴史学がむきあうべきは、この全てが許されている根源的自由の実在性であり、この途方もない自由の世界のなかで太古から人は生活し労働し恋をしてきたという歴史的現実であろう。

本書収録の論攷は、以上のような問題意識に基づいて、国家にも社会にも、市場にも回収されない人間の自由の意義を問い直すことで、新たな人権論の可能性を探り出そうとするものである。

（一）　憲法学における人権制約原理に関する議論については、山下健次・隅野隆徳編『文献選集日本国憲法四　基本的人権』（三省堂、一九七八年）、芦部信喜『憲法学Ⅱ　人権総論』（有斐閣一九九四年）、樋口陽一編『講座憲法学三　権利の保障（一）』（日本評論社、一九九四年）、安西文雄・青井美帆他『憲法学の現代的論点』（有斐閣、二〇〇六年）を参照。

（二）　現代憲法学における人権論の現況については、愛敬浩二編『講座　人権論の再定位二　人権の主体』（法律文化社、二〇一〇年）を参照。

（三）　アガンベンの主権をめぐる議論については、主にジョルジョ・アガンベン（高桑和巳訳）『ホモ・サケル―主権的権力と剥き出しの生』（以文社、二〇〇三年）を参照している。

（四）　大門正克「序説「生存」の歴史学―「一九三〇～六〇年代の日本」と現在との往還を通じて」（『歴史学研究』八四六号、二〇〇八年一〇月）

（五）　高岡裕之「「生存」をめぐる国家と社会―二〇世紀日本を中心として」（『日本史研究』第五九四号、二〇一二年二月）。

（六）　本書の着想の原点となっているのは、拙著『主権不在の帝国―憲法と法外なるものをめぐる歴史学』（有志舎、二〇一二年）である。拙著では、甚だ不徹底であるが、主権的権力それ自身の自己準拠性がもたらす自己破壊を阻止する権力の外部（他者）＝法外なる力の存在として人権主体を評価していた。もちろん法外の世界を対象とした代表的研究として、「無縁」概念からアジールの世界を描いた網野義彦の中世史研究をあげなければならない。近年では、法の外部をきりひらく（言語使用という）実践として文学を評価することで、法外なるものに積極的な意味を見出す研究として、田中希生「法外なるこの世界―近代日本社会と立憲主義」（林尚之・住友陽文編『立憲主義の「危機」とは何か』すずさわ書店、二〇一五年）がある。以上のような研究から本書は示唆を得ている。

（七）これまで日本女性史研究では、公娼制度の実態は主に廃娼運動（ないし担い手の視座）という外部から描かれてきたが、そのなかで公娼制度のなかの女性たちの行動に直接焦点をあてた先駆的な研究として藤目ゆき『性の歴史学』（不二出版、一九九八年）があげられる。この藤目の視座をさらに発展させ、遊郭の娼妓たちのストライキや集団逃走に着目した研究として山家悠平『遊郭のストライキ』（共和国、二〇一五年）がある。山家の研究は、「解放」や「救済」の対象（客体）としてしか描かれてこなかった（表象されなかった）娼妓をストライキや自由廃業の能動的主体としてとらえ直そうとする試みである。山家の研究は、法外の存在から人権を見直す上で重要な示唆を与えてくれた。

第一章 「登校拒否」にみる自由と人権

林 尚之

はじめに

本章では、戦後の学校教育のあり方を再編する契機にもなった登校拒否現象をめぐるディスクール(知)の形成と転換の検討を通じて、国家、社会、市場の外部を問い直すことを試みる。その考察を通じて、人間の自由、すなわち人権を考えるための歴史学の新たな座標軸を模索したい。

登校拒否に関する研究は、主に精神医学、心理学、社会学など人文社会諸科学で幅広く行われており、相当な蓄積がある。そこで重要なのは、登校拒否の子どもをめぐる認識の枠組みの形成とその転換過程である。登校拒否に関する研究は精神医学、臨床心理学、社会学、教育学の分野で絶え間なく行われ、長期欠席、学校恐怖症、登校拒否、不登校といった概念変遷に伴って、その認識枠組みは絶えず変化してきた。要するに、治療を主目的とした登校拒否研究から登校拒否という社会問題がいかにつくられるかという観点からの登校拒否研究へとその研究視座は転換してきた。そこに登校拒否現象をめぐる社会的政治的軋轢の深刻さをみることができる。国民国家において規律訓練の権力作用である学校で子どもが長期間欠席することで惹起する軋轢は公権力と無関係ではない。周知の通り、登校拒否をめぐるディスクール(知)は公権力の統制・規律とそれに対する抵抗・闘争の産物だからである。登校拒否現象が有する意味を歴史的に解き明かすには、登校拒否をめぐるディスクール(知)をみていかなくてはならない。

登校拒否研究は精神医学、心理学から社会学まで幅広い観点から行われてきた。そのなかで注目すべきは、登校拒否が社会問題として様々な言説の布置のなかで構成される過程に着目した社会学的アプローチである。その社会学からの先駆的な登校拒否研究である森田洋司の研究は、精神医学や心理学といった治療主義的観点からの登校拒否に関する言説を「脱構築」して、広汎な社会問題として問い直すものであり、「病理」としてみなされていた登校拒否現象の認識枠組みを大きく転換させるものであった[一]。しかし、森田は逸脱論の立場から登校拒否の発生原因を子どもと周囲の様々な関係性に問題の裾野を広げて、社会一般の問題性としてとらえ返すもので、不登校の原因＝犯人探しの図式からは逃れられていなかった。逸脱論を批判し、登校拒否研究を前進させたのが朝倉景樹、加藤美帆などの社会構築主義的アプローチからの研究である[二]。社会構築主義の特徴は、社会を言説・知識の観点からとらえ、その言説・知識が人々の相互行為によって構築されている過程を明らかにすることで、社会構造のあり方を問い直す点にある。社会構築主義的方法からの登校拒否研究は、不登校を「病理」として、または学校からの「解放」として表象する社会知識の構造を暴くことで社会秩序の生成・再編の過程を浮き彫りにするものであった[三]。社会構築主義的アプローチによる登校拒否研究は、学校化した社会とは、国民国家の主体の再生産が社会の隅々まで徹底されている社会であることを示唆している。不登校の歴史をみていくことは、学校教育という場で一元的に行われていた国民化（主体の規律・訓練）の外に剥き出しにされた個人がいかにして認識され、処遇されてきたのかを浮き彫りにすることでもある。

そこで、本章では、以上のような問題意識のもとで、登校拒否問題を取り上げて、国民化から勢い逃れてしまう余りある存在に、逸脱という消極的な自由に着目して、人間の自由の意義を考えていきたい。そして、その考察を通じて国家や社会の外部に人権の可能性を見出したい。

一　人外の世界と精神医学のバイオロジー

貧困や病気からなる長期欠席者は、一九五〇年代後半から精神医学や臨床心理学の治療対象としてとらえ直されるようになる。登校拒否症や学校恐怖症としてカテゴライズされた長期欠席する子どもに対する研究は精神医学や臨床心理学の専門知が独占することになる。不登校が病理現象として把握され、研究されたことは、学校教育の外部が国家や社会にとってイレギュラーな事態であることを意味している。欠席が社会にとってスキャンダラスな事態であるのは、日本社会では学校に行かない子どもは想定されていなかったからであろう。学校教育の場にいない子どもに精神の「病」の兆しを読みとり、保護や治療の対象としたのである。

では、精神の「病」とはなにを意味していたのか。古くは、天平勝宝九（七五七）年から施行された養老律令に癲狂に関する定めがある。その養老律令の公定注釈書である『令義解』では癲狂は、癲が発生すると地に倒れて、口から泡をふき、戯言を口にして、乱れても記憶にない状態と記述されている。このような心身の状態は「毛之久流比」と形容され、「もののけ」、すなわち鬼や生霊、死霊のわざわいから発する疾病という見方が強かった(四)。つまり、日本では精神の「病」は、人ならざるものの世界との感応によって生じるものとして認識されてきた。このことは古くからの医書や文学作品にみてとれる。およそ四〇〇年続いた平安時代に、紫式部が『源氏物語』で描いた世界は、源氏の栄華と悲恋だけでなく、なによりも源氏を愛するあまり生き霊となり、死んだ後は死霊となって、源氏の周りの女性に憑依し、正気や命を奪っていく六条御息所や正体不明の物の怪の世界でもあった。そこでは、「大殿には、御物の怪めきていたうわづらひたまへば、誰も誰も思し嘆くに、御歩きなど便なきころなれば、二条院にも時々ぞ渡りたまふ。さはいへど、やむごとなき方はことに思ひきこえたまへる人の、めづらしきことさへ添ひたまへる御悩みなれば、心苦し思し嘆きて、御修法や何やなど、わが御方にて多く行はせたまふ」(五)と、六条御息所の生霊に憑かれて錯乱状態になる葵の上を案じて祈祷などを行わせる源氏の姿が描かれている。また、「真木柱」では、「あやしう執念き御物の怪にわづらひたまひて、この年ごろ人にも似たまはず、うつし心なきをりをり多くものしたまひて、御仲もあくがれてほど経にけれど……」(六)と、鬚黒の大将が美貌の玉鬘と結婚したことで、正妻が嫉妬や怒りで泣き叫ぶ姿が執念深い物の怪に憑依されたことで正気を失ったものと叙述されている。物の怪、すちわち、生き霊や死霊は現世の近傍に滞留しているとみられていた。

日本最初の仏教説話集『日本霊異記』における冥界訪問譚にみることができる他界は、仏教の地獄や極楽のような現世から遠く離れた場所ではなく、死者の霊が冥界からこの世に帰ってくることができる往来可能な場所であった。仏教思想の、地獄や極楽浄土といった現世と異質な他界観念は、日常世界と地続きとなった他界観念を前提に受容されたのである。平安時代以降も人智を超えた人ならざるものの世界、冥界は、日常世界と交信可能なほど隣接しているとみる他界観は揺るぎなかった。人の親密圏は人間社会だけでなく、その外側の、人外の世界にまで広がり、境目は曖昧であったのである。だから、精神にも境目がなく、恨みや嫉妬、執着といった物思いはたちまち相手に憑いて、その精神を浸蝕する。

文明開化は、このような世界体験を迷信として否定する啓蒙からはじまった。稲荷おろしなどの所行に対する禁止令がいくつもだされた。それでも精神の「病」に対しては、人間の理解、人智の彼岸に属する途方もない世界から訪れる人ならざるものたち、神霊、狐、天狗、犬、狸、生き霊、鬼などの魑魅魍魎が憑依したことで生じたものという病気観は根強かった(七)。広島県山県軍の医師が「異常の挙動多き」母に狸が憑いたと信じて狸を落とすために殴打し死に至らしめた事件で、明治二四年（一八九一年）に広島地方裁判所は医師に無罪放免の判決をだしていた(八)。精神の病＝憑き物説が犯意を否定する有力な根拠となっていたのである。

精神病学がドイツから導入される以前は、神社や寺院仏閣における祈祷や滝浴びなどの民間治療が各地で行われていた。憑き物を落とす行為＝治療行為は、祈祷場、参籠所、旅館、滝場など自然環境や集落といった共同体のなかで行われてきた。人間だけでなく魑魅魍魎を含めた天地万物との交歓が「癒し」をもたらすと考えられていたのである。このことに着目し、憑き物現象との連続性と断絶性の意味を読み解くことで、精神病をつくりだした近代が孕む暴力性を問題にしたのが兵頭晶子である。兵頭によれば、近代以前に「病」が「もの憑き」としてみられてきた背景には、物事を森羅万象すべての繋がりで解釈する世界観があった(九)。心身の「病」は天地万物との均衡が一時的に欠いた状態としてとらえられ、だからこそ自分を取り巻く天地万物との関係のなかで病は回復すると考えられてきた(一〇)。国家や社会を取り巻く人ならざるものの世界との交歓の一時的な不調が「病」を招来させるという感覚は、天地万物のなかで人々が生かされていること、人ならざるものとの関係の片鱗として人間が存在することが自明であった時代性を物語っている。こうした人ならざるものと共生する世界の裡に存在している者たちは、明治維新後の文明開化によって迷信の名のもとで禁令と啓蒙の対象とされ、精神医学によって徹底的に排撃された(一一)。

天地万物との親密な関係性が自己と自己との関係性へと折り返されて形づくられたものが、物の怪を感得しない個体の精神であったと言い換えることができるのではないか。近代が慣習や伝統といった縛りから離れ、理性を有する自由な主体としてセルフコントロールできる存在として人間が表象される時代でありながら、他方で、理性では計れない人ならざるものとの共生の世界体験が「狂気」「脳病」として治療の対象になるのも近代の特徴であった。明治一九(一八八六)年に、帝国大学医科大学で精神病学講座の初代教授となり、精神病学、看護学の講義を担当したのが榊俶であり、その榊の後継として近代精神医学の創立者となったのが、ドイツでオーベルシタイネルから神経解剖学を、エミール・クレペリンから精神病学を学んだ呉秀三であった。明治初期に日本に導入されたのはクレペリンの精神医学であり、精神病概念である。呉は「精神病トハ精神證状ヲ主證トスル脳髄病ヲ云ヒ精神病学トハ精神障礙ト其治療トヲ講究スル学問ニシテ萬有学ノ一科経験学ノ一派タリ」と述べ、脳髄病理学、神経病理学の一分肢として精神医学を位置づけていた(一二)。精神の「病」は身体器官の、「脳髄」の疾患としてとらえられたのである。近代精神医学の根本思想は、まさに精神現象をすべて脳や身体ないし遺伝子の産物とみなすバイオロジーにある。精神医学では、精神の「病」の原因を探るため脳を観察の対象とした神経解剖学や神経病理学が主流となる。精神医学という知の営みは、精神の「病」

の身体的病因を見つけ出し、その病因に対する治療法あるいは予防法を考案することに傾注されたのである。

精神医学の眼差しは個体の現在から過去に遡る。

病因ヲ定メントスルニハ先ツ充分ニ既住症ヲ捜リ其精神並ニ身体ノ個人性ニ注意スルベシ蓋シ精神病ハ従来ノ生活状態発育状態ノ結果成跡ニシテ解剖上明確ナル疾病ニアラズ其個人ノ疾病ナレバナリ故ニ其原因ヲ捜ラントスルヤ先ツ其発育ノ状態。健疾ノ状態。如何。疾病ヘノ傾性如何。従前ノ疾病。原来稟受ノ性質。教育上開発。（中略）其人ノ経歴発育ノ史ヲ明ニスルノミニシテハ未タ以テ足レリトスベカラス通常ハ猶ホ其両親ノ精神身体ノ特性ニ推及スルナリ何トナレハ結核以外ニハ精神病ノ如ク父母ノ身体精神ノ結構異常生涯生活ノ方等ノ其子女ニ遺傳スルモノハアラサルヲ以テナリ……（一三）。

「病」の原因を、個人性に、個人の来歴、その血筋を遡って探り当たようとする精神医学の営みは、まさに「病」の個体化（人間化）を意味していた。物の怪が蠢動する世界との交歓によって発生する「病」は、個人の内部の、しかも脳髄内部の出来事として極小化されたのである。精神医学にとって、すべての精神現象は人間の脳髄の作用でしかなく、その「病」は脳髄の誤作動が起こした病理現象にすぎない。精神医学にとって旧来の慣行として定着してきた病気観や民間療法は、迷信として徹底的に排撃されなければならないものであった。一九〇二（明治三五）年に呉が三浦謹之助とともに発足させた日本神経学会（現在の日本精神神経学会の前身）の機関誌『神経学雑誌』創刊号（一九〇二年四月一日）に載っている発刊の辞には、人文科学の進捗による迷信の打破が高々と宣言されていた。

歳月は遷りて尽くる所なく、学芸は闡らけて窮まる所なし、顧みれば往時東西其期を一にして、迷信を守り、謬説を信じ、奇怪なる精神病と幽玄なる神経病とは、神霊の懲罰と妖魔の侵襲とに帰せられて、其病理は暗黒の裡に隠伏し、其治療は濃霧の間に彷徨し、或は哲理を説き、或は宗教を談じ、医士は廃痼となし、刀圭を投じて禁厭を排せず、俗人は憑祟となし、之を巫覡に委して誦経に甘んぜしも、人文進み科学開け、漸く理論と実験との基礎を得るに及び、業績頻に出て報告相踵ぎ、研鑽益々進んで亦昔日の比にあらず、此時に方りて我神経学雑誌の興るもの豈夫れ偶然ならんや。

ここに精神を外ではなく内側の秘匿された局所に桎梏された神経器官としてみる知の枠組みの生誕の瞬間をみることができる。それは精神の内在性を物質化し外化する運動の始まりにほかならない。精神の内側からのまなざしにとって外界と内界の境界は曖昧であったが、天地万物から精神を分離し、人間の神経器官に精神を釘付けにする精神医学のまなざしは、外部から世界や自我を捕捉するメタ的な視点である。しかし、それは外部の僭称でしかないことは明白である。なぜなら脳髄を観察対象にすることは、さらなる観察する脳髄を想定する無限後退に陥ってしまうからである。精神医学はその深淵に控える無限後退を起動させないために、その形而上学性を払拭して経験科学として自立するために、別の存在理由が必要とされた。精神医学の奥底に潜む空虚に規定性を与えたのが犯罪学であり、刑事司法との接合であった。「狂気」と「犯罪」の婚姻である。精神障害者を隔離し治療することを犯罪予防として国家事業化することが企図されたのである。

江戸時代においても入牢や檻入、溜預けのように、乱心者は牢獄や私宅、非人頭の溜に監置されていた。精神障害者の監禁は野放図に行われていたのではなく、檻入のような私宅監置においても家族、親類、町役人が連署した檻入手形を官に提出し、係役人が檻を見分し、乱心者の病状をみて許否を決していた。江戸時代に形成された私宅監置制度は、一九〇〇（明治三三）年の精神病者監護法によって近代国家の制度として包摂された。精神病者監護法の制定趣旨は、精神障害者を保護することで「社会ニ流ス患害ヲナキヤウ」(一四)にすることであり、私宅の公安的収容施設化を促す法制度であった。

精神障害者の私宅監置の実態を調査し、その非人道性を告発した呉は、人権を無視した私宅監禁を合法化する精神病者監護法を批判し、非人道的な私宅監置廃絶と、精神病院の設置を訴えて運動した。呉は東京府巣鴨病院（後の都立松沢病院）の院長に就任し、拘束具の使用を禁じ、「暗黒界」と称されるほど患者の処遇が非人道的であった精神病院の改革を行った。それは社会の安寧秩序を保全する目的から精神障害者を監禁する施設であった精神病院を医療保護の観点に基づいて患者を処遇できる環境に改革するものであった。しかし、医療保護主義は精神疾患と犯罪との同一視を否定するものではなかった。

一九一八（大正七）年、第一七回日本神経学会総会は、内務大臣あての、精神病院の整備を求める建議書を可決した。そこでは「精神病者ハ我全国ニ於テ凡ソ十数万人ニ及ブベシ其内ニ公衆ノ安寧社会ノ秩序ニ対シテ危険ナルモノ多々之アル一方ニ適当ナル治療ヲ加フレバ全癒スベキモノ少ナカラザルモノアリ」(一五)と、危険な精神障害者の取り締まりという公安目的から精神病院の設置を求めており、公衆に対する危険予防を趣旨とした精神病者監護法と同様に、医療の観点を加味しながらも、精神障害者を公安的隔離監禁の対象にする見方は否定されていなかった。

一九一九（大正八）年に政府が提出した精神病院法の制定趣旨では、「家畜ヨリモ憫レムベキ状態」にある私宅監置から解放して、精神病患者を医療保護することを目的としながらも、その効果として危険の予防という公安維持があげられていた(一六)。公安目的による入院収容という側面は、特に第二条第二項「罪ヲ犯シタル者ニシテ司法官庁特ニ危険ノ虞アリト認ムルモノ」に色濃く反映されていた。衆議院精神病院法案委員会の審議でも触法精神障害者の処遇をめぐる本法の恣意的運用がひとつの論点となっていた。保安処分制度として精神病院法が運用される懸念を払拭するために、政府が強調したのが精神科医による精神鑑定の信用性であった(一七)。刑事罰から精神障害者を救済するのみならず、治療保護から「健常者」を救済する、いわば人権擁護という観点から精神医学という知の技術は国家に組み込まれたのである。

精神医学が触法精神障害者に多大な関心を抱いていた点について、芹沢一也は、戦前日本において精神医学は社会で市民権を得るために、精神の「病」と犯罪を同一視して、犯罪者のなかから「狂気」を察知して再犯を防止する社会防衛論の観点から、刑事司法に精神鑑定という独自の領域を開拓する必要があったことを指摘している(一八)。現行刑法三九条の限定責任能力についての規定によって刑罰から触法精神障害者を救済する領分が確保され、保安処分的要素を持つ精神病院への送致を差配し、「狂気」から社会を防衛する知として、精神医学は国家の統治技術という役割を手に入れた。そのことは精神医学が精神障害者に対する処遇・治療を一手に引き受けることを意味していた。世界とひとつであった「狂気」は、個人の「脳髄」に宿る不健全な疾患に還元、分離され、「狂気」を宿した精神障害者は私宅監置や精神病院にひとり隔離治療される対象となった。精神医学という知とその物理的実践である精神病院、その囲い込みをオーソライズする精神病者監護法、精神病院法といった法的実践の総体が精神の人間化(個体化)を支えていたのである。

しかし、呉などの精神医学者が夢みた精神障害者の私宅監置からの解放と精神病院への隔離は、戦前日本では未完成に終わった。精神病院法が制定されたものの、精神病者監護法のもとでの私宅監置はなくなるどころか、拡大の一途をたどったのである。行政による財政的支援がないなかで、民間レベルで精神病院の整備が行われたものの、国公立病院の整備が遅れたことで、精神障害者は放置されるか、あるいは私宅監置で処遇され、治療を受け入れられる体制を精神医学はつくりだすことができなかった。戦後は、その反動で、精神医学界の主導のもとで、精神衛生法が制定され、精神病院の設置が推進された。精神病者監護法のように保安目的ではなく、医療保護を名目にした患者の入院収容が進められたのである。戦前の私的監置から公的監置へと転換したものの、自宅から閉鎖的な精神病院に精神障害者が移動しただけで、精神障害者を社会から隔離・収容する政策は変わらなかったのである。それどころか精神医学は、医療保護主義のもと世界に類をみない精神障害者の人権を看過した精神病院への強制収容による隔離と大量の薬物を投与する薬物療法をもたらして、宇都宮病院の患者死亡事件のような精神障害者に対する人権侵害を招く結果となった。

では、精神医学という知の体系による人間の処遇・隔離は万能であったのだろうか。世界との関係を絶たれた空虚な精神は、それでも精神医学と精神病院による囲い込みに抗い、逃れようとした。このことを主題化するために、次に精神医学の根幹を問い直す契機となった児童の長期欠席問題、いわゆる登校拒否という逸脱行動の意味を考えていく。

二　精神医学に包摂されざるものとしての登校拒否現象

戦後日本において学校の外部にいる、登校を拒否する子どもはどのように表象されていたのか。敗戦直後は、病気や貧困、家内労働のため学校を欠席する児童の問題が、六〇年代から「学校恐怖症」として一種の個人病理現象として把握され、精神医学や心理学の調査研究の対象になった。

学校を欠席する子どもの先駆的研究は、一九四一年のアメリカのジョンソンによる「学校恐怖症　school phobia」の研究である。ジョンソンは、登校の不安の根底には母親ないし父親から分離されることに対する不安、分離不安があることを指摘し、「学校恐怖症」という概念を用いて、子どもの欠席という問題行動を説明した。このような「学校恐怖症」概念を前提にして、国立精神衛生研究所の鷲見たえ子、岡山県立中央児童相談所の佐藤修策、京都大学神経科の高木隆郎などを中心に、児童精神医学や臨床心理学の分野で登校拒否現象は研究されてきた。ただ、「学校恐怖症」の概念的規定は必ずしも明瞭ではない。具体的な症例を経て「学校恐怖症」と定義づけることを躊躇う研究者もいる。学校恐怖症の各症例には大きな差があり、あくまでも研究者が経験した症例を中心に議論されているため、明確な定義ができなかったからである。

登校拒否の診断基準をつくった鷲見たえ子は、「学校恐怖症」を親からの分離に対する不安、独立することへの不安によって発生するものとみて、不安神経症のひとつであるとする分離不安説をとっていた(一九)。

佐藤修策は、学校恐怖症を情緒障害として定義している。それは「学校恐怖症」の症例が強迫神経症的なもの、不安神経症なもの、神経症と精神病の境界例を示しているものと、多様な病態を呈していることから、それらの症例を包括する概念として情緒障害を採用している(二〇)。「一般的に、ある問題行動が、身体的、環境的(主として物理的)、知能的などの要因や、体質的に規定された性格のかたよりなどによって生じたものでなく、親子関係やその他の対人関係という意味で、環境的に形成され、その成立が心理的に説明できるとき、われわれはそれを情緒障害による問題行動と呼んでいる」(二一)と、あくまでも社会的な対人関係に起因した情緒障害として「学校恐怖症」をとらえていた。佐藤の学校恐怖症情緒障害説の特徴は、脳に原因があるとする器質論を否定している点であろう。

高木隆郎は、「学校恐怖症」について、コンプレックスや完全欲に起因し、学校から家庭への逃避によって、社会との繋がりを失ったことによって二次的に神経症的症状が誘発されたと説明している(二二)。子どもがコンプレックスや完全欲を持つのは学校恐怖症に特有のものではなく、「児童神経症もしくは神経症一般の原因論」で、「人格形成過程における家庭内対人関係は複雑かつ力動的(dynamic)なもの」であり、分離不安といった一元論では説明できないとする(二三)。さらに、学校から家庭への逃避に関しては、学校に対する漠然たる不満と過保護的な家庭とのアンバランス、つまり「心理学的な圧力の均衡の問題」としてとらえていた。その背景については、戦後民主主義の下での公教育の変化と両親の権威の失墜をみて、「民主的な社会への適応は権威的・封建的な社会への適応よりも、強い自我を要求される」と、登校拒否現象を学校と家庭との関係性の問題として分析している(二四)。高木は、器質論、心因論を退けて、社会関係論から「学校恐怖症」を考察していたのである。

以上のように、初期の欠席児童に関する研究は、「学校恐怖症」という概念を用いながらも、その原因論においては広い意味での社会関係論に依拠する傾向にあった。登校拒否の原因論の特徴は、徴候としての神経症が発生する要因を親や社会、学校といった関係性に求めている点である。それは長期欠席という問題行動を特定の性格傾向に求めながらも、その誘発要因として「社会なるもの」を想定するものであった。つまり「脳髄」に付随する精神現象の結果として児童の問題行動を把握・記述する精神医学の枠組みは綻びをあらわしていたのである。それでも登校拒否という現象は、精神医学の世界観のなかで把握され、意味づけられ、処遇されてきた。

七〇年代半ばに高校進学率が九割を超え、本格的な学歴社会に移行するなかで、小中の不登校数は七〇年代後半から増加傾向に転じた。これまで児童精神科医などの専門家による研究・治療といった取り組みがメインであったが、社会問題としてマスメディアに大きく取り上げられるようになり、非専門家による登校拒否に対する多種多様な取り組みが行われた(二五)。しかし、一九七〇年から八〇年代にかけて、文部省が登校拒否問題を把握する枠組みは、基本的に前述した精神医学の世界観に依拠していた。文部省の『生活指導資料第一八集　生徒の健全育成をめぐる諸問題―登校拒否問題を中心に』は、登校拒否を初めて題名にした生活指導資料である。そこでは「登校拒否とは、主として何らかの心理的、情緒的な原因により、客観的に妥当な理由が見いだされないまま、児童生徒が登校しない、あるいはしたくともできない状態にあること」(二六)として、登校拒否を定義していた。登校拒否の背景については、「親子関係の歪みや母子間の分離不安など家庭における要因、教師と児童生徒、あるいはいじめなどの児童生徒相互の人間関係、また、学業や部活動の問題など学校生活における諸要因、さらに本人の自我の未熟の問題など、様々な要因が複雑に絡み合っている」(二七)と記述されている。登校拒否を多面的にとらえようとしているが、学校状況、個人の性格傾向や家庭状況、「学校恐怖症」といった神経症の症状を示す登校拒否とその対処が中心に論じられている。登校拒否現象が社会問題化されるなかで精神医学界は登校拒否の子どもの研究・治療に本格的に取り組むようになる。

文部省の学校不適応対策調査研究にも協力した筑波大学社会医学系助教授の稲村博は、不登校児の早期の入院治療を積極的に推奨し、実践した精神科医のひとりである。稲村は子殺しの研究で先駆的な業績を残しているが、登校拒否や家庭内暴力などを新たな「国民病」としてとらえ、予防と早期治療を提唱した。稲村は、登校拒否、家庭内暴力、自殺、家出、非行、薬物乱用などの問題行動に「思春期挫折症候群」という新たな個人病理のタイプを見出して、医学的治療の必要性を訴えた。特に登校拒否に着目し、その逸脱行動は病的な兆候を示すが、精神分裂症や躁うつ病といった従来の精神疾患とは異なる新たなタイプであるとみる。そして従来の診断基準を金科玉条としていたため、非治療的な対応しかできなかったとして、精神医学の保守性を批判するのである。「思春期挫折症候群」とは、稲村が家庭内暴力や登校拒否といった現象を精神医学の枠組みなかで把握するために考案した概念であるが、それは精神医学がこれまで遭遇したことのない「新症候群」であった(二八)。「新症候群」の主兆候は①神経症様症状、②逸脱行動、③思考障害、④意欲障害、⑤退行、にまとめられる。現象として、①の腹痛、頭痛、発熱などの心理的原因による身体の症状があらわれるなどの神経症様症状の後に、②家庭内暴力や家出や薬物乱用など非行といった逸脱行動、次に③思考障害である。それは逸脱行動を自己正当化し、親や学友などの周囲の人々にその行動の責任を見出すなどの被害妄想が強くなり、その次に④昼夜逆転や自室に引きこもるなどの意欲障害、最後に⑤情緒面で著しく幼児化し、母親に甘え切った状態になる一方で、父親には露骨に反抗を示す退行現象が起こる(二九)。以上のような順序で発現していくが、その経過は短くて数ヶ月、長くて十数年を有するという。稲村は、早期に治療をしない場合は、「新症候群」は慢性化して青年期、中年期にまでおよぶと警鐘を鳴らしていた。「新症候群」の発生要因を挫折因性に対する耐性欠如に求める。つまり「敏感で耐性の乏しい子」が挫折した場合、発現するのが「新症候群」であるという。挫折そのものよりも、挫折を受容する主体の特性が焦点化されている。耐性欠如の要因として母親の「過保護」「過干渉」、「父性欠如」など両親の養育態度をあげている(三〇)。

本人の気質に親の養育態度などの環境条件が影響して性格傾向など準備状態ができているところへ、思春期前後の挫折となる直接契機があって発症するといえる。その意味で反応性の精神疾患であるが、主徴候は独特で、従来からある通常の神経症とはかなり異なる。その理由は、おそらく本人の性格傾向、とくに自我形成上の独特の未熟さ(過敏、耐性欠如など)が今日のわが国に特徴的で、かつての時代にはなかった未曾有のものだから、反応の病態も未曾有となったのであろう(三一)。

稲村は登校拒否現象のなかに成長過程にある子どもの人格形成にとっての潜在的リスクを見出して、精神病院への強制入院等々の積極的な治療を実践した。登校拒否の原因を母親の過保護や過干渉に見出す論調は新聞記事などのマスメディアでは一般的であった。一九八四年四月二三日の『読売新聞』では登校拒否の子どもの親の特徴として「子どもをでき愛し、子どもが要求する前に親が何でもしてやってしまい、必要なしつけでも子どもがいやがれば行わないなどの〝過保護〟や、子どもを自分の思い通りに育てようと、子どもの行動や子どもが決めるべき問題にも過度に干渉する〝過干渉〟、また、子どもの要求は何でもかなえてやる〝言いなり〟といった傾向が見られる」と、母親の過保護、過干渉が指摘されている。過保護、過干渉は、登校拒否だけでなく、家庭内暴力、非行、大学生の「無気力症」、夜泣きや言葉の遅れなどの要因とされていた。一九八〇年に、『読売新聞』は、専門家による子育て法を教授する「実験　母離れ子離れ」という特集記事を連載していた。このように、一九八〇年代には過保護や過干渉といった母子密着が不登校、非行、いじめなど子どもの逸脱行動の背景とみなされていたのである(三二)。

マスメディアが母親と子どもの密着した関係を問題視するなかで、一九八八（昭和六三）年九月一六日、稲村のグループによるケース研究を『朝日新聞』は一面トップで報道する。「三〇代まで尾引く登校拒否症、早期完治しないと無気力症に」という見出しの記事で、それは登校拒否を治療しないまま放置しておくと二〇代、三〇代まで無気力症として尾を引くというものであった。それが不登校の子どもやその家族に与えたインパクトは甚大であった。不登校の当事者や家族に対して学校や親族、近所から登校を促す圧力となった。

登校拒否を考える会は、『朝日新聞』の記事の影響が及ぼす事態を鑑みて「東京シューレ」や「親の会」とともに登校拒否を考える緊急集会実行委員会を結成して、朝日新聞への抗議活動を行った。登校拒否を考える緊急集会が開催された。集会では、不登校を病理現象として扱い、精神治療的介入を推奨する姿勢に対して、「その鉄格子がはまった閉鎖病棟の精神病院に入院すると、二週間ぐらいは親との面会も許されない。それと薬を飲んで強制的に学校に行かないと病院から出してもらえないという仕組みになっていて、子どもたちは病院よりも学校がいいということで、学校に通い、長い入院生活の後に自宅に帰ってくる。学校に行くことは行くけれども、やはり魂を失ったような状態で学校に行く。ですから（学校を卒業しても）学校との関係が切れた後は、本当に人間不信に陥って、自室で布団をかぶって寝てしまうほど打ちのめされてしまう。そういうことを見てきますと、「無気力症」を引き起こしているのはご本人（稲村氏）ではないかなあと思いながら、この記事を読みました」(三三)といった批判が専門家からも出されていた。

また、精神科医の有志が稲村の治療に対する調査を求める要望書を日本児童青年医学会に提出したことがきっかけになり、稲村の研究グループの治療の実態が明らかになった。通信・面会の禁止、移動の自由を禁じた個室監禁など、その精神病院での入院治療の問題点が暴かれた。精神医学という知が抱える問題性は、登校拒否現象によって逆照射されることになる。このような視点は精神医学のなかで生じていた。学会に要望書を提出したひとりでもあり、国立国府台病院の精神科医として登校拒否の子どもや親の相談や治療に携わってきた渡辺位は、その経験から、登校拒否児に対する精神医療的処遇それ自体に疑いを持つようになる。渡辺も当初は、登校拒否の要因を「子どもの発達程度や性格傾向、またそれをとりまく社会、特に家庭環境との相互作用のなかに基盤をおくものである」(三四)として、従前の精神医学と同様の見解をとっていた。渡辺は国立国府台病院に院内学級を設けて学力補充と同時に、登校拒否の子どもの入院治療においても病棟の生活全般に関わるルールの決定や運営に、子どもたちが中心となった自治組織を参加させ、試行錯誤の積み重ねのなかで自尊心や自信を取り戻させ、子どもの自律性、自主性を高める生活療法を実践していた(三五)。病棟生活のなかでの自治という実践は、子どもの主体性を自らの力で創造させるいわば自己治療の実践であった。こうした登校拒否の子ども、その親たちとの関わりのなかで渡辺は、登校拒否を個人病理や家族病理ではなく、社会病理として考えるようになり、不登校に精神科医はいらないという立場に転じる。

渡辺は登校拒否発現のメカニズムについて次のようにいう。

登校拒否は、子どもの成長・発達を保障されるためには歪曲されて不適切となっている学校教育に対して、子どもが示す無意識的な自己防衛的回避行動であり、登校拒否発現の要因は、子ども自身の資質や家庭内精神力動であるより先に、学校教育の現況と、それに巻き込まれ醸成された子ども不在の教育観・育児観であると言えます。したがって、登校拒否は、個人病理の問題ではなく、社会病理の問題として理解し、把握しなくてはなりません(三六)。

渡辺は、子どもの性格傾向や家族関係を登校拒否の要因としていた精神医学の図式を転倒させ、学校状況、社会状況に対する自己防衛反応として登校拒否という問題行動をとらえ直したのである。渡辺は、不安から登校できないことに対する罪障感や劣等感といった自嘲的・自罰的評価が与える精神的プレッシャー、家族や教師、周囲からの一方的な登校督促による精神的プレッシャーなど、学校化した社会が登校拒否の当事者にもたらす精神的葛藤の結果として、二次反応として家庭内暴力や神経症状態を招くことになるという(三七)。

渡辺にとって登校拒否の治療とは、神経症を治癒し、学校生活に復帰させることを意味しなかった。登校拒否や神経症的状態の根本にある「学歴志向のための教科中心・学力偏重主義的な学校教育」という状況を変える必要があるとして、学校化した社会の変革へとむかったのである。「親の会」や「東京シューレ」と連携し、社会運動に関わるようになる。それと同時に、子どもに対しては、登校拒否する自己に対する否定的評価を肯定的評価に転換させる必要性を説いていた。

社会において個人が自立し自主的に生きるには、自己の直面する危機に対しては自ら防衛できる直感力と行動力が必要であることは当然です。したがって、それを行ない得た登校拒否の子どもは、たとえ無意識的・非意図的であるにせよ、価値あるものとして子ども自ら自己の能力と生活力を再評価してよいと思います。そして、子どもが無能力者・落伍者どころか、むしろ潜在的能力に富んだ個人としての自信を取り戻し、学校にこだわったり学歴に依存することなく、流動的・創造的な自己実現がなされるようにすることです(三八)。

渡辺は登校拒否に対して、精神治療的なアプローチではなく、当事者と家族の学校中心主義的な価値観の転換を経ることで、学校化した社会のなかで学校化されることを拒絶する主体性の受容に重きをおいていたのである。「社会が病めば、子どもの心も病むといえる」と、登校拒否する子どもは治療の対象ではなく、むしろ危機的状況にある社会の「病」そのものの縮図であるとみていた。渡辺は国立国府台病院での臨床試験を通じて、個人の精神の「病」に還元できないものと邂逅したのである。生命を保守するために社会を拒絶しそこから逃避する自己防衛機制を不登校問題に見出したのである。すなわち、それは精神の病理ではなく、学校や社会こそが病理であり、その病理からの回復過程として登校拒否概念を再定義するものであった。

以上のように、近代精神医学において、その知の体系の内部に、懐柔し回収できないものに誘われるように、「狂気」「病理」を個人ではなしに、その外側に広がる学校や社会に探知し、登校拒否現象を学校化した社会の「狂気」「病理」からの回復と、新たな主体の生成として解釈する世界観が生みだされていたのである。

三　学校外の居場所にも包摂されない「裂かれ目の中にいる」子どもたち

『朝日新聞』の記事を契機とした登校拒否を考える会の運動は、これまで登校拒否を自殺、家庭内暴力、非行と同例にとらえ、薬物治療をはじめとした精神医学的介入に疑いを持たない専門知に対する抵抗であった。言い換えれば、精神医学の症例のひとつでしかなかった登校拒否の当事者やその親たちが自らを語る言葉を獲得し、自らを定義づける過程でもあったといえよう。登校拒否を考える会を中心にした抗議活動が功を奏して、マスコミの不登校報道の姿勢が変わり、文部省の、不登校を治療対象とするスキームにも変化が生じた。一九九二（平成四）年の文部省が出した学校不適応対策調査研究協力者会議報告では、「このように登校拒否問題は、学校や家庭、更には社会全体にも関わっている問題であり、登校拒否は特定の子どもにしかみられない現象であるといった固定的な観念でとらえるのではなく、現代の子どもに対する新しい児童生徒観を基本として総合的な角度から問題を認識し、指導・援助していくことが必要と考えられる」（三九）と、個人の性格傾向や家族関係に原因を求める不登校像があらためられたのである。

　学校教育に対して、オルタナティブな教育の可能性を提起しようとしたのが不登校を考える親の会の運動であった。その結果、学校に行かない子どもたちが通うことのできる学校外の居場所＝フリースクールが全国に設置された。それは硬直化した学歴社会に対して、学校教育以外の教育の選択肢を増やす多様な人生プロセスを求める新しい社会運動であった。しかし、学校教育の外部を構築する社会運動は新たな問題に直面していた。学校教育の相対化＝教育の多様化は、学校教育の市場化を促し、結果的に新自由主義的観点からの教育改革を促してしまったという批判が出ていたのである。フリースクールでの教育費を負担できる家庭とそうではない家庭の格差が如実にあらわれてしまい、学校教育からの自由は、平等な学習権の剥奪を意味してしまう。フリースクールは、学校の外部であったとしても市場の外部ではなかったのである。公教育の相対化は、個人の能力と家族の経済力による教育の序列化を結果的に促進するものでもあった。ここに、学校教育に対するラディカルな批判と親の会などの社会運動が個人と家族に教育の責任を転嫁する学校の市場化とリンクしてしまう逆説をみてとることができる。

　登校拒否は単なる文化的社会的現象ではなく、国民の再生産装置である学校制度を再編する原動力となった。すなわち、学校を欠席するという出来事が管理教育・画一的教育から個性重視の教育へ学校教育を転換させる大きな契機となったのである。しかし、以前よりも子どもひとりひとりに対応できる学校環境ができたにもかかわらず、登校拒否の子どもは増加の一途をたどるばかりであった。

　このことは、人間が学校教育においても、フリースクールといったオルタナティブな教育においても包摂されないことを示唆している。学校教育によっても、フリースクールによっても救い出すことができない子どもたちの存在が逆照射しているのは、規律・訓練され、名づけられることを拒絶しようとする果敢な意思、何ものでもないことを選び取る自由が、私たちのなかに、国家や社会、市場の論理では覆い尽くせないものとして存在し続けている事実である。

そのことは登校拒否を考える緊急集会において精神科医の石川憲彦が指摘していた。「そういう形で登校拒否だけが薬を使わない例外として、まるで正義の使者のように、この文化の社会に反抗する正義の使者のように語られていくとしたら、恐いなあと思います。むしろ、そんなことが、子どもたちはいやだったんじゃないのかな。つまり、管理的で排除する学校だけがいやだったんじゃなくて、『おまえはあんな管理的な学校なんか、行かなくたっていいよ』と声をかける側の持っている、ある種の理想像にも反発したんじゃないか。『ちがうよ』と大きな声でいいたかったんじゃないか、と思います」(四〇)と。登校拒否は管理的な学校社会にも、あるいは脱学校化の社会運動にも還元できるものではなかった。

そこで重要なのは、精神医学や心理学といった専門家によって代表＝表象されてきた登校拒否像からも、東京シューレのような登校拒否を子どもの自由意思による選択とするもうひとつの物語にも「ちがうよ」と違和感をあらわにする子どもたちの存在である。石川が精神科医をしていて、出会った子どもたちは、「学校へ行かなくてもいいといわれれば反発したくなる。『そうじゃない。本当はやっぱり学校を自分のものにしたい』、そんな裂かれ目の中にいる」(四一)子どもたちであった。子どもが学校にも、社会にも秩序づけることのできない存在であるのは、人間が本来的に不合理な存在であるからである。石川は、経済的に困窮してそのあげくに自殺するよりも、失恋で死を選ぶのが人間の現実であるといい、人間はこうあるべきという理想像からではなく、人間が有する不合理性を直視した上で、それを引き受けることが必要であるという。「人間ですから、二十才になって気力がなくなることもあります、三十になって悩むこともあります。うまくいかないことが私たちの人生からなくなってしまったら、私たちの生活は貧しいものになってしまいます。その反面、だから悩んでいてもいいんだということではなくて、そういう状況を、正直に、みんなで引き受けていく。そうしたら無気力症という言葉に驚かされることはあまりないのじゃないかと思います」(四二)。

朝日新聞で記事になった稲村の研究グループによる治療に対する批判には、不合理なものを「病」にカテゴライズして排除してきた精神科医たち自身の自戒が込められていた。それは人間それ自体が無秩序で不合理な存在であることを引き受けることのできない社会に対する批判でもあった。人間とは本来、社会化されない、何ものでもないもの、無秩序で不合理な「裂かれ目の中にいる」存在である。石川が登校拒否現象にみたのは、この何ものでもないものである人間の姿ではなかっただろうか。

近代日本は、精神医学といった世界観によって、規律・訓練（治療）される精神（人格）を生み出した。人ならざるものの世界との繋がりの産物である「病」を精神の、脳髄の「病」に還元し、人間の不合理性をそのつど新たな精神の「病」をフレームアップすることで、精神医学の知と精神病院に囲い込んできたのである。しかし、人ならざるものとの世界との交歓を社会のなかに、人間の脳のなかに封じ込めたとしても、脳から、社会の枠から勢い漏れてしまうものである。人ならざるものの世界との関係性が自己と自己との関係性として内側に折り込まれたとしても、自己意識、自己認識に収まりきれない余剰として残存するものである。精神医学がそのことに気づいていなかったとはいえない。

精神医学がその草創期から、脳神経学、神経病理学の影響のもと、精神障害に対して、自己意識の外部である身体的病因（疾患）を探り当てることで対処しようとしたのは、意識や意志では左右されない余剰に照準をあわせてきたからにほかならない。しかし、不登校現象に精神疾患を発見しようとしてきた精神医学は、意識や社会的関係性に還元できない疾患により問題行動をとらえるバイオロジカルな語りを保持しつつも、学校での友人関係や家庭での親子関係といった社会的関係性を説明変数として使わざるを得なかった。「病」の原因は本質的には、社会関係論からも、心因論からも、内因論からも特定できないものであった。この「病」の還元不可能性は、人間存在が外部的であることを示唆しているのではないか。その外部性は、人間が社会にとって外部的であるとともに、自己意識にとっても人間の存在性は反省的に把握できない外部的なものであるという意味である。近代以前、古くから、狐や狸、天狗、鬼といった妖怪の世界と人間の社会はおなじ境涯のものとして体験されていた。その世界体験では、動物や死霊だけでなく、人もまた生き霊になり他者に憑依するように、人間と人ならざるものとの境界などなかったのである。これは人間の親密圏が動物や妖怪、幽霊といった人外にも及んでいたことを示唆している。

近代以降、国家や社会の外に広がる人外の世界は啓蒙の名のもとで封印された。人間社会を超えて、人ならざるものにまで及んでいた親密な世界との繋がりは、個体の精神のなかに折り込まれ、囲い込まれたのである。幽霊や妖怪という現象は、病んだ脳髄が幻視させる精神現象でしかなくなった。このことは、別の解釈を成り立たせる。精神の内側にこそ国家や社会の外部としての途方もない人外の世界が広がっているという解釈を、である。国家や社会にとって人間存在そのものが外部なのである。だからこそ、近代国家は学校、精神医学といった様々なツールを通じて、人間に穿たれた人外の世界を馴致し、鎮めなければならない。だが、これまでみてきたように、不登校現象が示唆しているのは、学校教育にも、精神医学にも処遇されない不条理性、無秩序性のなかに人間の本質があるということではないだろうか。

おわりに

以上、登校拒否現象をめぐる精神医学という知の相克と蹉跌をみることで、国家、社会、市場の外部を究明してきた。近代において天地万有の世界、人ならざるものと共生していた世界との繋がりは消滅したわけではなかった。それは精神の産物（幻想や妄想）として内側に折り込まれ、封印されたのである。精神医学がバイオロジカルな論理によってその深淵を覗くのを回避したように、精神の奇怪さは処遇不可能なものであった。それは人間存在そのものが国家、社会、市場に包摂されない外部性を有していることを意味している。国家や社会を包摂していた人外の世界は精神、人格の深部にこそ潜在しているのではないか。このような世界のなかの人間の自由に、人権の原点があるのではないか。法律や憲法で禁じられていても途方もないことを思考し要求する自由が人間にはある。歴史学が人権を考察する意義は、人間が経験してきた歴史のなかの自由から人権をとらえ直す点にある。歴史は人間に濫用さえも厭わない自由を許してきた。自由な要求の全体があり、そのなかの特定の行為が法律によって禁止され、あるいは憲法によって保障されるようになったのである。はじめに、奇怪なまでに奔放な、意思の、行為の自由があった。この自由が国家や社会の秩序に覆い尽くされないのは、人ならざる世界との交歓のなかで養われてきたからである。新たな人権論を構築するには、この途方もない自由を洞察する作業が不可欠だろう。

最後に、登校拒否の子どもたちの言葉を拾い集めてみたい。国家や社会や市場の言葉では尽くせない外部があるからこそ、子どもたちは沈黙の末に饒舌に自らを語り始めたのである。不登校・登校拒否・いじめの情報ネットワーク誌『こみゆんと』には、登校拒否をしている、あるいは経験した人たちの体験談がのっている。

「『学校に行きたくはない』と認めることは、『私は人間ではない』と自分に宣告するのと同じだったのです。でも本当は『人間であること』と『学校へ行くこと』は別なのですが、そのころの私にとっては文字どおり、学校へ行かないのは人間ではなかったのです」(四三)と、二三歳の女性は、登校拒否をしていた当時の心境を語っている。なぜ学校に行かないといけないのか、その答えを求めていたという女性は、森田療法を行っている「生活の発見会」との出会い、ゲーテやマザー・テレサの書物との出会いもあり、「その人その人のニーズに合わせて学校を利用すればいいというか、『初めに学校ありき』ではないのです。(中略)みんなが無自覚に『行くために行っている』から、学校に行けなくなったときに無用な苦しみを味わう人が続出してしまうのではないでしょうか」(四四)という認識に至っている。登校拒否の経験がこれまで彼女を桎梏していた学校中心の人生観、世界観を氷解させたのである。「いまの私はカタツムリのように歩くので精いっぱいです。この人生を投げ出さずに歩き続けることが、私の生きる証かもしれません」(四五)と述べていることからもわかるように、学校から離脱した彼女を待っていたのは、他人の手にはない「この」人生であり、それを生きることが彼女の新たな目標になっていた。

酸素を失ったような息苦しさ、窒息寸前のところで小学校に行くのをやめたという男性は、登校拒否は自分にとって、世間や家族や親戚との第二の闘争の始まりだったという(四六)。学校に行かないことで「人間」としての価値さえ否定される状況に貶められた経験を彼は「世界は暗く凍った荒野でしかなかった」と振り返る。「痛苦の体験」であった登校拒否が彼に告げ知らせたものとは何であったのか。

学校が人生の目的となり、生がそれに従属し、そのためにぼくたちが自分の人生から疎外されてしまっているなら、これほど悲しいことはないだろう。それはご飯をお箸で食べるものと決めつけて、お箸がないからご飯を食べられないということと一緒である。ご飯は、お箸で食べるのも、またスプーンで食べるのも、あるいは手で食べるのもその人の自由なのである。学校は多様な人生プロセスのひとつでしかなく、学校に行かないのも等価の人生プロセスなのだ。ぼくたちはそのことを忘れたときに、自分を、または他者を抑圧するのだとぼくは考えている(四七)。

それは生きるということがどのようなことなのかを問い直す契機でもあった。学校に行かないことを正当化するのでもない、ましてや学校に行けなかったことを悔やむのでもない、生の内在性に対する無条件の肯定がその言葉に刻印されている。生きるという一点において、生を構成する外在的な条件を選び直すということ、社会や家族との関係をときに断ち切ることで新たな繋がりをつくりだすこと、こういった経験を学校に行かないことが可能にしたのである。

学校を拒絶した子どもたちは、精神病院へと囲い込まれることに抵抗しただけでなく、囲い込む社会から逃れ、個人の精神を、経験を、その外にひらこうとしたのではないだろうか。外とはどこかにあるのか。誰もが社会のなかで制度のなかで生きている。個人は生まれながらにして社会内存在であるが、その外部は身近に存在しているのである。外は、自由は、何ものでもない存在へと滑落したときに邂逅できるものである。そんなとき人は自らの生存を賭して自己の尊厳を主張する。面罵や嘲笑のなかでも尊厳を死守しようと決意する個人しか経験することのない孤独のなかに、それはある。天地万物すべてとの繋がりが私の精神や人格のなかに折り込まれ、囲い込まれているのなら、個人は力強く存在を堅持し拡張したとき、国家や社会に対して外部的な存在となる。国家や社会から剥き出しになった生存は、国家や社会のなかでの固有名や属性は剥ぎ取られ、自分が何ものでもないことを告げられる。それは個人にとって受苦的な経験でしかない。しかし、そんなとき人は無であることですべてであるような自由の地平に佇んでいるのである。

このような世界が精神そのものであるからこそ、彼ないし彼女らは学校の世界を相対化し、新たな自分をつくりだすことができたのではないか。本章では、この人間の内側に確かに存在する何ものにも尽くせない世界に焦点を当ててきた。人間が希求する自由をひとつもとりこぼすことなく把握し洞察することができるか、このことが人権の歴史研究を深めていく上で最も重要な課題であろう。

（一）森田洋司『「不登校」現象の社会学』（学文社、一九九一年）

（二）朝倉景樹『登校拒否のエスノグラフィー』（彩流社、一九九五年）、加藤美帆『不登校のポリティクス—社会統制と国家・学校・家族』（勁草書房、二〇一二年）。

（三）近年の社会構築主義的なアプローチによる不登校研究として、工藤宏司、樋田大二郎、北山由美、瀬戸知也、山田哲也、佐川佳之などの研究がある。

（四）岡田靖雄『日本精神科医療史』（医学書院、二〇〇二年）参照。

（五）阿部秋生、秋山虔その他校注・訳者『源氏物語』第三巻（小学館、一九九六年）三五七頁。

（六）同前、三一～三二頁。

（七）近世後期の平田篤胤の国学が庶民に普及したのは、死者の霊が留まる冥界を現世と地続きしたものととらえた幽冥観が日本の伝統的な他界観と近かったからであろう。この幽冥観に着目して、大日本帝国憲法が「皇祖皇宗ノ遺訓」としてつくりだされた意義を歴史的に明らかにした研究として小路田泰直『日本憲法史—八百年の伝統と日本国憲法』（かもがわ出版、二〇一六年）がある。

（八）前掲岡田靖雄『日本精神科医療史』一二〇～一二一頁。

（九）「もの憑き」の世界観の喪失による近代精神医学の誕生の検討を通じて、「個人」や「人格」の病としての精神病が形成された意味を解き明かした研究として兵頭晶子『精神病の日本近代—憑く心身から病む心身へ』（青弓社、二〇〇八年）がある。本章は兵頭の研究に示唆を得ている。

（一〇）兵頭晶子「精神療法をめぐる歴史—民間療法からの出発とその帰結」（芹沢一也編『時代がつくる「狂気」—精神医療

と社会』朝日新聞社、二〇〇七年）参照。

（一一）佐藤雅浩は、膨大な新聞記事を基にした明治期の精神疾患に関する言説分析から、原因のわからない犯罪や自殺などの逸脱行動の説明項として「狂気」（精神疾患）が頻繁に使用されていたことを指摘している。明治期における「狂気」の原因論の特徴は、貧困や生活苦などの経済的問題、家庭や恋愛といった人間関係を原因とする傾向があり、それに対して戦争や事件、遺伝や体質などはそれほど大きな要因として考えられていなかった。日常生活におけるトラブルが「狂気」の発生要因と考えられていたことは、「狂気」が個人の精神の産物ではなく、森羅万象との繋がりのなかで把握されていたことを示唆している。「狂気」が世界から追い出され、個人の精神の問題に還元されるにつれ、「狂気」を処遇する者は憑きものと交渉できる宗教者から精神医学の研究者へと転換し、「狂気」は精神医学と精神病院に囲い込まれることになった。

（一二）呉秀三『精神病学集要』前編（一八九四年）一頁。

（一三）同前、二二九～二三〇頁。

（一四）第一三回貴族院本会議議事録第一三号（一八九九年一月一九日）一六頁。

（一五）「日本神経学会の建議」『神経学雑誌』第一七巻四号、一九一八年四月、六二頁。

（一六）第四一回衆議院精神病院法案委員会議事録第二号（一九一九年二月二六日）一〇～一一頁。

（一七）第四一回衆議院精神病院法案委員会議事録第三号（一九一九年二月二七日）一五～一六頁。

（一八）精神医学と司法との関係、狂気と犯罪との関係については、芹沢一也『〈法〉から解放される権力―犯罪、狂気、貧困、そして大正デモクラシー』（新曜社、二〇〇一年）を参照した。

（一九）鷲見たえ子・玉井収介・小林育子「学校恐怖症の研究」（『精神衛生研究』第八巻、一九六〇年三月）五四頁。

（二〇）佐藤修策『登校拒否児』（国土社、一九六六年）四一～四二頁。

（二一）同前、四二頁。

（二二）高木隆郎「学校恐怖症」（『小児科診療』第二六巻第四号、一九六三年）三七頁。

（二三）同前、三八頁。

（二四）同前、三九頁。

（二五）そのなかで知名度が高かったのが戸塚ヨットスクールである。登校拒否をスパルタ教育で直す戸塚ヨットスクールの不登校に対する認識は、その原因を子どもの精神に見出して、原因論から学校や家庭といった外的要因を排除するものであった。そのため登校拒否の克服は徹底した暴力を含んだ規律訓練に基づく人格陶冶によって行われたのである。
（二六）文部省『生活指導資料第一八集　生徒の健全育成をめぐる諸問題―登校拒否問題を中心に』（一九八三年一二月）九頁。
（二七）同前、一〇頁。
（二八）稲村博「現代の国民病―新症候群」（『現代の眼』第二三巻第三号、一九八二年三月）六〇～六一頁。
（二九）同前六二～六三頁。
（三〇）同前、六五頁。
（三一）稲村博「思春期挫折症候群」（『臨床精神医学』第一四巻第四号、一九八五年四月）七〇九～七一〇頁。
（三二）母子密着に関する言説の歴史的な変容については、梅田直美「戦後日本における『母子密着』の問題化過程―一九六〇―八〇年代の新聞記事言説分析から」（『奈良県立大学研究季報』第二五巻第四号、二〇一五年三月）が詳しい。
（三三）登校拒否を考える緊急集会実行委員会『「登校拒否」とは』（悠久書房、一九八九年）一四頁。
（三四）渡辺位「登校拒否とその治療」（『日本医事新報』二三四五巻、一九六九年四月）二一頁。
（三五）同前、三二頁。
（三六）渡辺位「登校拒否の病理（発現のメカニズム）とその対応」（『月刊地域保健』第一〇巻第五号、一九七九年五月）三七頁。
（三七）同前、二九頁。
（三八）同前、三五頁。
（三九）「学校不適応対策調査研究協力者会議報告」（『季刊教育法』第八八号、一九九二年）六〇頁。
（四〇）前掲登校拒否を考える緊急集会実行委員会『「登校拒否」とは』、七七頁。
（四一）同前、七七頁。
（四二）同前、七八～七九頁。
（四三）鈴木春美「カタツムリのように歩くのに精いっぱい」（『こみゅんと』第三七号、一九九七年一二月）四〇～四一頁。

(四四)同前、四一頁。
(四五)同前、四三頁。
(四六)寝山真「学校が人生の目的となり、生が従属していないか」(同前『こみゆんと』)、六八頁。
(四七)同前、六九頁。

第二章　「子殺し」にみる自由と人権

梅田　直美

はじめに

一九七〇年代の前半、母親による「子殺し」が社会的な注目を集めた。日本社会では、それ以前にも「間引き」「心中」など子殺しの一形態といえる行為が少なからず行われてきたが、この一九七〇年代には、それまでとは異なる「現代日本の子殺し」の増加が取り沙汰され、連日メディアを賑わせた。「現代日本の子殺し」とは、端的にいえば、「既婚の母親の、ノイローゼによる、心中または心中未遂」を指していた。かつては、貧困、生活苦による嬰児殺や心中、あるいは未婚の母親による世間体を恥じての嬰児殺が主流であったが、一九七〇年以降においては、既婚の母親が何らかの精神的葛藤状態に陥り、それが何らかの契機に危機的状況を生み出して子殺しや心中行為へと至ったケースが目立っていることが指摘された。

この「現代日本の子殺し」をめぐっては、法学、精神医学、社会学、心理学分野の研究者らをはじめ、社会評論家、社会活動家など、様々な立場の人々が調査研究を行い活発に論じた。子殺しが注目された当初は、多くの人々は、子殺しをした母親に対し、「人命軽視」「無責任」「利己主義」「母性喪失」「鬼の母」といった言葉で非難した。特に、既婚の母親による子殺しは、ショッキングな事件に至るものがみられ、その残虐性や異常さがメディアによって強調された。しかし、次第に、「その母親たちはなぜ子殺しへと追い詰められたのか」を追及しようとする人々が現れた。その中心となったのが、「私も同じ状況に立たされれば子殺しをしたかもしれない」と共感した母親たち自身が結成した活動団体や、フェミニズムの流れを汲む研究者らや活動家、あるいは、それらの人々と連携した法学や社会学、心理学などの研究者たちであった。これらの人々は、母親が子殺しという行為に追い詰められた、その本質的な原因を突きとめようと、公判記録や新聞記事の分析、裁判の傍聴、一般の母親を対象とした意識調査など精力的な調査研究活動を行った。それらの調査研究で導き出された知見をふまえ、子殺しは母親に責任を帰するべきものではなく、その母親を追い詰めた社会に責任があるとの言説が立ち現れた。

その言説の基盤となったのは、女性たちが、戦後「民主的」な家族が普及してもなお、「母親」として子どもとだけむきあう生活へと閉じ込められ、人間としての自由な生き方を制約されることで葛藤を引き起こし、子殺しや母子心中という悲劇に至ったのだ、という認識であった。たとえば、評論家の武田京子は、当時の論考において「子殺しは、女たちが全的人間でありたいとの欲求をおさえられ、育児にとじこめられた生活を強いられるところから起こる悲劇である」と述べ、母親である女性たちが育児だけの生活から解放されて自由を希求できる社会をつくることが、子殺しの絶滅への道であると主張している(一)。後に詳しく述べるが、こうして「子殺し」をめぐって形成された言説は、後に、育児や女性をめぐる認識枠組みの大きな転換へとつながっていくこととなる。

戦後日本の社会において、「戦後近代家族」とその中心的存在としての「母親」が担ってきた役割については、既に、家族社会学やフェミニズム研究などの領域で、多くの研究者らが論じてきた。「イエ」制度廃止などの戦後民主化政策や一九五〇年代後半からの団地の普及に伴い、サラリーマンの夫と主婦の妻、子ども二、三人からなる戦後近代家族は社会のメインストリームとして定着した。主婦である「妻」は同時に子どもの「母親」であり、メインストリームの家族を支える中心的存在であった。一九五九年から一九六三年に放送され戦後日本ホームドラマの先駆的存在といわれたドラマ「ママちょっときて」に象徴されるように、夫からも子どもからも、「ママちょっときて」と頼りにされ忙しく家事や育児に奔走する女性の姿は、平和的で民主的な戦後の新たな家族の誕生、家族における女性の地位の向上を示すものとして評価された。また、それは同時に、経済成長を支える労働者の再生産、ケアの担い手として女性を専従させることともなっていた。さらに、高齢者との別居、子ども数の減少、近隣関係の変容、サラリーマンである夫の長時間労働化などが進行し、閉鎖的な生活空間のなかで数人の子どもとだけむきあう生活を送る母親も増加していったことが指摘された。また、システムキッチン、洗濯機の普及などの生活空間の近代化による家事労働の軽減によって、母親は時間とエネルギーを持て余し、その時間とエネルギーを子どものしつけや教育へと注ぎこむようになったことも指摘された。このような女性をとりまく生活の変容のなかで、女性の「母親」としての役割規範が強調されていき、その後に「既婚の母親の、ノイローゼによる、心中または心中未遂」といった「現代日本の子殺し」が社会的に注目を浴びるようになったのである。

本書の序章で、林は、「国家、社会、市場には収まらない外部の世界を歴史的実在として把握し検討する」ことで、人権を問い直すことを提起している。本章では、そのひとつの形として「子殺し」に焦点を当てる。特に、先に述べたように、「女たちが全的人間でありたいとの欲求をおさえられ、育児にとじこめられた生活を強いられるところから起こる悲劇」としてとらえられていた、既婚の母親による子殺し、「現代日本の子殺し」を取り上げる。この「現代日本の子殺し」が、当時の論者が指摘するように、戦後日本の社会においてメインストリームとして形成された近代家族における「母親」という制度、また、田間(二)が指摘するところの「母性愛という制度」に収まることができなかった女性たちの葛藤と苦悩の産物であるとしたら、この子殺しをした女性たち、そして、子殺しをめぐって声を上げた女性たちを歴史的実在としてとらえて検討することこそが、本書の主題である、「国家、社会、市場には収まらない外部の世界を歴史的実在として把握し検討する」ことで、人権を問い直す試みに沿うものであると考える。もちろん、子殺しをした女性たち自身は、極限的ともいえる「愚か」な逸脱行為に走り、自らの命を絶つ、あるいは法を犯して犯罪者となるに至っており、法や社会の枠を切り拓く存在であったとはいえないだろう。しかし、皮肉にも、これらの追い詰められた女性の存在は、社会を動かし、育児や家族、女性の生き方をめぐる認識枠組みを転換させることとなった。本章では、こうした、社会制度と自己の人間としての自由への欲求との葛藤から生じた極限的な行為として「子殺し」を取り上げ、その存在が、いかにして社会における認識枠組みを変革させていったか、その過程を追っていきたい。

一　「現代日本の子殺し」の顕在化

本節では、まず、一九七〇年代の前半に子殺しが社会的に注目されるようになり、そのなかで「現代日本の子殺し」の典型像が見出されていった経緯を取り上げる。

先述の通り、一九七〇年代の前半、子殺し・母子心中に関する報道が急増した。しかし、この時期に、実際に子殺し・母子心中の件数そのものが増加していたわけではない。子殺しの件数については、一九七三年頃から「新聞や週刊誌による子殺し事件報道の急増にもかかわらず、実際の件数は増加しているわけではない」という言説が共有されるようになっていた。これは、一九七三年頃から、警察庁嬰児殺統計においては特に近年嬰児殺の件数が増加しているわけではない、ということが指摘されるようになったからであると推測される。たとえば、中谷は嬰児殺認知件数の総数を最近五カ年間比較したところ「昭和四四年を例外として、総数はむしろ漸減の傾向にあり、昭和四七年後半にいたり、爆発的に急増したものとは思われない」(三)と述べ、土屋・佐藤も警察庁の嬰児殺発生件数・検挙件数の分析から「統計上は、最近において嬰児殺の増加傾向は認められない」(四)と結論づけている。一九七三年から一九七五年にかけてやや増加傾向がみられたことから、若干の増減傾向をとらえて論じられることもあったものの、一九四七〜一九五〇年には年間三〇〇件以上発生していたのに比べ、一九五四年以降から一九七〇年代まで年間二〇〇件前後を推移していることから、概ね「増加しているとはいえない」という言説が普及していたことがうかがえる。

それにも関らず、子殺しが注目を浴びていったのはなぜか。このことについて、中谷瑾子は、一九七二年の第二〇回国際心理学会議における、熊坂・スミス・相場によるニューヨークと東京の比較研究の発表がその契機となったと指摘している(五)。この学会において、ニューヨークは東京に比べ、強姦は四倍、殺人は五倍、強盗は一五〇倍多いが、女性の殺人事件の検挙人数は東京がニューヨークの二倍多く、そのうち二〇%が嬰児殺であるということが発表された。この内容をマスコミが取り上げ、「赤ちゃん殺しに仰天」(『朝日新聞』一九七三年八月二一日)という見出しで報道した。そのほか、当時の公害問題、森永ヒ素ミルク事件や奇形魚の報道、優生保護法や実子あっせん事件などを通じての子どもの人権侵害に対する問題意識の高まり、労働者の疎外・孤独、社会的連帯の喪失など大人も含めた人権侵害への危機感の高まりが、子殺しに注目が集まる背景となったことが指摘されている。

以上のような経緯で、子殺しに対する関心は高まり、それに伴い子殺しの実態が様々な調査結果や判例をもとに明らかにされていくこととなる。

そのなかで浮かび上がってきたのが、「現代日本の子殺し」の実態である。一九七四年には、当時、子殺しの重要な基礎データとして政策文書や他の研究で用いられた法務総合研究所調査や、栗栖瑛子による調査が行われ、その結果が公表されている。

栗栖の調査は、昭和二一年から四七年の間に朝日新聞で報道された一五歳未満の子どもに対する「子殺し」「遺棄」「虐待」記事、総数一二〇九件を分析したものである。このうち、「心中」が八三八件と突出して多く、「嬰児殺」一一四件、「殺児」一〇四件、「遺棄」九四件という結果が示された。さらに、「心中」八三八件のうち「母子心中」が五五四件であること、子殺しなどの行為を行った者の属性は、「実母」が二二五件と多数を占め、「実父」が八〇件、「不明」八九件であることが明らかにされた。また、動機は、「母子心中」においては精神障害・育児ノイローゼを含む「母親の病気」が最多であり、一家心中・父子心中では「生活苦」が最多であった。

法務総合研究所調査(六)は、昭和四七年中に生後一年未満の嬰児または乳児を殺害(未遂含む)したことにより全国の地方検察庁で起訴若しくは不起訴、または裁判所で裁判が確定した全数一六三名についての実態調査である。この調査では、まず、嬰児殺検挙人員に占める女性の割合が九五%となり男性の割合が著しく低下したこと、嬰児殺と乳児殺で共通するのは被疑者のほとんどが女性、三〇歳未満、低学歴であること、異なるのは配偶関係と動機で、嬰児殺群では未婚者も半数近く、「世間体を恥じて」「貧困」が多い一方で、乳児殺群では有配偶者が九割以上、「ノイローゼ」「家庭不和」「母の疾病」が上位であることが示された。

これらの特徴は、他の文献でも取り上げられた。たとえば、『犯罪白書 昭和四九年版』は、法務総合研究所調査の結果を引用し、「最近の嬰児殺の特徴は、犯行のほとんどが新生児の母親によって行われ」ていることや、特に乳児殺群では「出産後の育児又は家庭生活での精神的かっ藤に起因する親子心中又は心中くずれの事件が四八％を占めていることが特徴的である」ことを指摘している。また、越永らは「昭和初期の親子心中を『貧困心中』とすれば、昭和四〇年代の母子心中は核心的生活領域を喪失した母親の『共生共死心中』とでも称することができよう」(七)と述べ、三〇歳から三四歳の母親が、産後あるいは育児ノイローゼの状態に陥って子殺しに至るという典型像を提示した。社会学者である佐藤カツコも、当時所属する宇都宮大学での共同研究の調査結果から、母親による子殺しの典型例として「二〇歳代から三〇歳代の若い既婚の母親が、乳幼児を殺害し、自らも後追い自殺をするというタイプ」と「結婚前の若い女性が、男性と性関係を続けるうち妊娠、出産し、生まれた子を育てることなく殺害、死体遺棄するというタイプ」の二つを挙げている(八)。

このようにして、子殺しの典型として「未婚の母親の、生活苦または世間体を恥じたことによる嬰児殺」と「既婚の母親の、ノイローゼによる、心中または心中未遂」が提示され、特に後者が「現代日本の子殺し」として注目されることとなったのである。

二 「現代日本の子殺し」の要因論

以上のように「現代日本の子殺し」の典型像が提示されたことで、子殺しの要因論においても多くの研究者が既婚の母親の子殺しに焦点を当てることになる。子殺しの原因論に関しては、ほとんどの論文が、実際の子殺し事件の事例分析などの中で「個人的事情」に含まれる項目について言及しており、これらの状況が子殺しの原因の一部となっているとする。しかし、同時に多くの論文は、個人的事情が子殺しへ結びつく上で決め手となった状況や、その事情を生み出した状況など、何らかの別の原因について論じている。以下では、それらの要因論を整理しながら詳しくみていきたい。

二・一　母親のモラル・精神の問題

まず、一九七〇年代の子殺しをめぐる言説で、当初から多く見出せるのは、母親のモラル・精神を問題とする言説である。新聞・雑誌の記事では特に「母性喪失」「鬼の母」などの言説が支配的であったが、学術的な場においてもこうした言説は、子殺しが注目され始めた初期の頃から一九七〇年代末頃まで、常に現れていた。特に、子殺しの原因として、人命軽視の考え方や子どもを親の付属物とみる考え方などを指摘するパターンが目立っている。例えば、心理学者の南博は以下のように述べている。

もっとも大きな社会心理的な原因は、生命の価値観の問題ではないかと思います。（中略）幼ない子どもも一人の人間としてみとめる、子どもの生命を尊重する思想が国民全体の身についているなら、子どもを虫けらのように殺す母親はあり得ないはずです。子どもは母親の付属物のようなもの、生むのも自由なら殺すのも自由、といった、生命軽視の考えがその行動にはたしかにあります。（九）

このように、南は、母親が子どもを自らの付属物のようなものとし、その生命を軽視していると批判し、そのことを「もっとも大きな社会心理的な原因」としている。また、大原は、日本の心中文化の存在を詳細に論じながらも「しかし忘れてならないことは、子どもに対する人命の軽視である。わが子ではありながら、親の人格と子どもの人格とは別のものだという自覚がないのである」(一〇)と、親による子どもの命の軽視や、親と子の人格の一体視を問題にしている。

また、社会学者の増田光吉は、以下のように、母親による子どもの同一化とゆがんだ母子関係を、母親の内的な問題として指摘している。


かくて、子どもに対する両向的な態度をベースとしながら、自分の満たせぬ思いを子どもに実現しようとする同一化の歩みがはじまる。そして、それと同時に、わが子をわが子として正確にみる目を失い、それとならんで、母親らしい母親としての態度も失われる。ゆがんだ母子関係がここにはじまり、最悪のばあいには悲劇に終るのである。(一一)

こうした母親による子どもの同一化や精神的依存を問題とする言説は、一九七〇年代の子殺しをめぐる議論だけでなく、一連の戦後の日本における親子心中の研究においても既に指摘されてきたものである。日本における心中研究には既に蓄積された知見があり、その中で、親子心中の原因は親が子どもを私有財産視すること、日本の女性が長い間、家族制度の中で男性への隷属的立場に置かされたレジスタンスを子どもを味方にすることで表現していること(一二)などが指摘されてきた。こうした心中研究で蓄積されてきた知見は、一九七〇年代の子殺しをめぐる言説活動の中でも重要な位置を占めていたのである。

二.二　母親を取り巻く社会的状況の問題

母親を取り巻く社会的状況を問題とする言説においては、様々な論点が見出せるが、併記して論じられている項目ごとにいくつかに分類することができる。

第一に挙げられるのは、「個人・家族の孤立化」(社会的連帯の喪失/地域の連帯の喪失/核家族化)に関する言説である。母親のモラル論と共に当初から論じられていたのが「社会的連帯の喪失」「地縁・血縁からの家族の孤立化」などを子殺しの背景として論じる言説である。これらは、連帯の喪失が個人のモラルを衰退させていること、家族が孤立化して脆弱化していることを論じており、特に後者の議論は後述する「母親の孤立」の前提として言及されている場合がしばしば見受けられる。

母親のモラル論の背景として論じている例としては、稲村の論考がある。稲村は、子殺しを取り巻く社会的状況として「孤独と疎外が深刻に進行していること」により「親である前に、人間としての存在が根本から虚弱になっている」と指摘し、モラル回復のために「人間存在そのものと、その連帯の回復が根源において行われることが、予防にとって不可欠」であると述べている(一三)。

家族が孤立化して脆弱化していることを指摘する例としては、「血縁的・地縁的共同体が崩壊し、未だ新しい都市コミュニティは存在しない。このような状況で、家庭内に問題が発生すると、容易に家族は解体してしまう」(一四)、「血縁や地縁から引きはがされ、大都会の過密のなかに孤立する核家族にとって相談相手さえいない。かくて社会的なつながりを欠いた閉じられたセットのなかで万事が進行していく」(一五)などがある。

第二に、「母親の孤立化」(「父親の不在」「母親の孤立」)言説が挙げられる。「個人・家族の孤立化」論は、時には母親のモラル論と親和的であるのに対し、対抗言説として現われてきたのが「母親の孤立化」を論じる言説である。これは、狭義には「家族の孤立化」に「父親の不在」が重なり、母親が孤立して子育てを担う状況に陥っていることを指摘するものである。「父親の不在」は、労働の場が家庭から分離し、父親が家庭から不在となっている一般的な状況を指している。この言説の代表的なものとしては佐藤カツコの言説が挙げられる。

佐藤は、「雇用労働者となった父親は、物理的にも精神的にも家族から離れたところで過ごし、母親は、生活空間の面でも精神的な面でも家族のなかにただ一人孤立し、子育てにたずさわらねばならない」(一六)、「地域社会と家の崩壊した現代社会の中で、子殺しや母子心中の悲劇をなくすためには、母親の社会的孤立をまず解き放たねばならないのである」(一七)と、この「母親の孤立」が子殺しに至る重要な背景であることを強調している。

しかし母親が、現実に、〝子殺し〟という行為を起こしてしまうのは、どのような状況なのであろうか。われわれの推測では、母子一体性の状況に「母親の社会的な孤立」が加わった時に、それはきわめて危険なものになるということである。地域社会からも、親類からも、夫からも孤立し、ひたすら子どもとだけ向きあってしまうとき、母親は、「母親」という重荷を自分でどんどん重くしてしまうのである。(一八)

他の研究者の論考においても「家族と地域社会との連帯が破壊され、母親の生活構造が破壊され、家庭の中に孤立化してゆく状況が強められ、家族内の人間関係が崩れると、家族の中での集団凝集性を高め、同一化しあう方向への心中・殺児の現象がおこりうるのではないかと考えられる」(一九)、「協力と連帯の欠落やそれらの結合の弱体化が、現代の社会構造に、大きな亀裂として露呈したものが子殺しであり、また子捨てでもある。これらの諸矛盾が、母親を子育ての枠のなかに閉じ込め、孤立化を強いる社会や男性に対して、母親からの悲しくも悲惨な抗議が、子殺しであり、子捨てではないだろうか」(二〇)といった同様の記述がみられる。

また、佐藤は「核家族化そのものよりも、核家族の中で母親が一人孤立してしまっているということが、子育てに関しては大きな問題」(二一)と、特に「父親の不在」を問題として強調している。同様に宇都宮大学グループの他のメンバーや、「子殺しを考える会」の新美によっても、「親類」「地域社会」「労働の場」よりも特に「父親」からの孤立、「父親の不在」が問題として強調されている。佐々木宏子は、ダドソンの育児論からミルクを与えたり、おむつを換えたり、風呂に入れたりといった毎日の世話のレベルで父親がもっと育児に関わるべきであることの警告を引用し、父親が日常の育児に参加すべきであることを主張している。また、新美も「父親とは一体何なのだろう。口先だけで『子供のことを心配している』などと言っても、実際にオムツをとりかえたりしなくては、子育ての楽しさや辛さはわからない」(二二)

と、父親が日常のケアを担うことを要求している。このように、これらの言説においては、単に母親が困った時の精神的支えとなるだけでなく日常の育児を分担する父親の存在の必要性を主張していたのである。

第三に、「母子一体性」言説が挙げられる。「母子一体性」は、「子どもの私物化」と同様に日本の母子関係の特殊性を指摘するものであるが、単に母親の内的な問題としてだけではなく、むしろ母子を一体とみる社会の意識の問題として示される概念である。佐藤は、「母親がわが子と一体の感じをもち、子育てに一人で全力を尽せば尽すほど、子育てへの負担は高まり、逆に子育てに対する絶望や拒否の気持が生ずる危険性も高まるように思われ」(二三)るとし、この「母子一体性」を「母親の孤立」とともに現代日本の子殺しの背景として注目すべきものとみなす。また、ボーゲルの『日本の新中間階級』から「母と子の相互依存」を、越永らによる心中論から母子の「共生共死の関係」を引用し、日本の母子関係の問題性を裏づけて以下のように述べている。

日本の母子関係の特徴を、アメリカの社会学者ボーゲル（Vogel、E.F.）は、「母と子の相互依存」ということばで表現した。親子心中について研究を行った越永重四郎らは、昭和四〇年代の母子心中の動機のなかに、母と子の「共生共死の関係」がみられることを指摘している。しかし日本の社会における母子関係のつながりの強さは、母であり子である当事者の意識や精神状態がそうであるということとともに、むしろ「社会が」それを期待し、母と子をたえず一体的なものとしてみる意識が、社会のなかに存在することに注目しておかねばならない。「子殺しを考える会」の新美美津子氏らは、母と子がたえず一まとめにされてみられることを「母子パックの意識」と表現しているが、母子一包みの意識は、社会の側の意識をとらえていて巧みであると思う。(二四)

先述のように日本の母子関係の特殊性を指摘する場合、従来は「母親による子どもへの同一化」として母親に問題の責任を帰する主張が目立っていたが、佐藤は、母親よりも社会の意識の問題であることを強調した。また、母子心中が、母性が強調される大正期に増加し昭和に急増していることも、「母子一体性」の状況が社会によって生み出されていることの裏づけとして注目している（二五）。この視点は「子殺しを考える会」など母親自身が生み出す概念を取り入れることによって得られており、このことは新美の「母子パック」という表現を取り上げ評価していることからも読み取れる。

一方、心理学においては佐々木宏子が「母子一体化」について、母子関係研究の視点からの問題提起をしている。日本の母子関係の歪みを指摘するものとしてボウルビィを批判するベルクの発言を引用し、愛着理論やスキンシップ理論のもつ危険性を指摘して日本で母子間の愛着行動がこれ以上強調されるべきでないと主張している（二六）。

第四に、「育児疲労」と「男女分業思想」に関する言説がある。「育児疲労」の概念は、子殺しの動機とされる「ノイローゼ」が、母親が孤立して育児を担うことによって蓄積された疲労によるものであるという指摘で用いられている。佐々木は「『育児疲労』は、その具体的状況が何ら科学的に追求されないまま、すべて『ノイローゼ』『精神異常』という項目に入れられ、母親の心理的要因へと主たる原因がおかれてしまう」（二七）と述べている。また、「とくに日本のように『育児は母親の天職』といった分業思想の強い国では、育児が現代の社会の中でどんなに困難で、大変な行為であるかが気づかれていない」（二八）と、こうした「育児疲労」が見過ごされる背景として「男女分業思想」があることを指摘している。

第五に、「母親の育児への埋没」「女性の生き方の軽視」についての言説が挙げられる。

「母親の育児への埋没」についての言説は、「母子一体性」と「母親の孤立」が母親をめぐる人間関係についての状況を指しているのに対し、特定の人間関係を指すのではなく「母子一体性」や「母親の孤立」によって生じる母親の自立について論じているものである。佐々木は、ハンナ・ギャブロンの『妻は囚われているか』のデータを引用し「子殺しをする母親は、育児の中に埋没し社会から孤立し、その結果、自分自身の思考が枯渇していることに気がつかない。子どもがすべてになり、子どもと自己の分離ができず、そのような閉鎖的な状況が生みだす種々の心理的圧迫や障害を、再度、自己（母性）の責任へと組みこみ、さらに自分を窮地へと追いこんで行く」（二九）と「母親の育児への埋没」の状況と問題性を指摘し母親の精神的自立の必要性を指摘している。しかし、佐々木はこうした状況を母親自身の問題よりむしろこの状況を生み出した社会の問題として強調している。母子心中が減少しない理由としても「子どもを産み育てる母親の生き方そのものが軽視され、少しも反省されることなくきたことの結果にすぎない」(三〇)と、閉ざされた家庭に母子を取り残す社会、母親の生き方を軽視する社会を問題としている。

以上のように、母親が置かれた社会的状況を問題とする言説は、そのほとんどが母親のモラルを問題とする言説と対立的で、問題の原因や責任を母親ではなく父親や社会に帰属させている。また、様々な論点が挙げられているものの中心となっているのは「母親の孤立化」の問題である。「母親の孤立化」は、狭義には「家族の孤立」と「父親の不在」が重なった状況を指すが、広義には「母子一体性」「男女分業思想」「女性の生き方の軽視」などのいくつかの育児をめぐる状況を含む包括的な概念として用いられている。それは、これらの状況のいずれもが「母親の孤立化」の結果として引き起こされる状況、あるいはその背景となる状況を指しているからである。

このように「母親の孤立化」は、母親を取り巻く社会的状況を問題とする言説の中で特に重要な問題として立ち現われたのである。

三　女性の「内的成長」と自由への欲求

先述のように、「現代日本の子殺し」は、戦後近代家族という制度、「母親」という社会的な役割規範のもとで孤立した状況におかれた女性が、子どもという存在と自らの欲求との間に生じる葛藤と戦い続け、疲労したすえに起きたことであると認識されていた。このことについて初期に詳しく論じていたのが、評論家の武田京子による論考「『既婚の母』の子殺し考―専業主婦になぜ子殺しが多いのか―」である。武田は、この論考で次のように、女性の自由への欲求と「内的成長」について述べている。

子殺しは、女たちが全的人間でありたいとの欲求をおさえられ、育児にとじこめられた生活を強いられるところから起こる悲劇である。

個々の人間のうちにあるものは、全的人間としての存在への欲求といった大げさなものではないかもしれない。だが、「たまには映画に行ってみたい」「二時間以上つづけて眠りたい」「職業を持ちたい」など、具体的な形での欲求も、つまりは、当然、人間として許されていい生活の部分を、現実に持っていないからこそ出てくるのであり、それらの欲求を一つ一つみたしていくことによって、全的人間としての存在に近づいていく。「二時間以上つづけて眠りたい」母親はそのことが可能になっても、次は「毎月一回、半日だけ子どもと離れて自由に行動したい」という欲求を持ち出すかもしれない。欲求は、完全にその母親が人間として持つすべての権利の行使の自由が保障されるところまでエスカレートしていくことだろう。そして、そのどの時点でも、もしそれが抑えられ、緊張状態がつづいて頂点に達するなら、子殺しの可能性へと結びつく。（中略）

女たちが家事・育児だけで満足できなくなったことは、言いかえれば、主婦・母親・妻としてだけの役割をもって生きることに不満をもちだしたことである。それは、女も全的人間でありたいという欲求であり、人間解放への願いである。その願いを持ち始めることは、人間としての一つの内的な成長をしめすものである。人間の肉体的な成長をもとに戻すことが不可能なように、精神的・内的な成長もまた、あと戻りはむずかしい。(三二)

武田は、かつての女性が、何の疑問もためらいもなく家事・育児に専念していたのに対し、現代の女性たちがそのような生活では満足できなくなり、全的人間でありたいという欲求、人間解放への願いを持つようになったことを、人間の「内的な成長」ととらえている。それゆえに、その成長を遂げた女性たちに、かつてのように欲求を抑えることを望むことはむずかしいと述べる。

子殺しをめぐっては、問題が注目され始めた初期には、母性喪失論や母親のモラルを問題とする言説が支配的であった。それらの言説では、子殺しを防止するためには女性たちに母性を取り戻させること、母親としての自覚を持たせるべきことなどが主張された。しかし、一方で、武田の論考にみられるように、女性が母親としての閉塞的な生き方に疑問をもち、自由への欲求を持ち始めたならば、それは人間としての成長であり、それを元に戻すことはできず、社会がその欲求にあわせて変わっていくことこそが、子殺しを防ぐことにつながるのだという認識も生まれていた。武田は、同じ論考で、「子殺しの絶滅をはかるには、女を育児しかない生活から解放することしか解決策はない」と結論づけている(三二)。こうした認識は次第に広がっていき、母親である女性たちが育児だけの生活から解放されて自らの全的人間でありたいという欲求をあらわし自由を希求できる社会をつくることこそが、子殺しの絶滅への道であると主張する言説が普及していくこととなったのである。

おわりに

以上みてきたように、「現代日本の子殺し」の要因論としては、当初は母親のモラルや精神の問題を指摘する言説が支配的であったのに対し、その対抗言説として、「母親の孤立化」「母子一体性」「育児疲労」「男女分業思想」「女性の生き方の軽視」「母親の育児への埋没」などの状況を指摘する言説が普及することとなった。これらの言説は、いずれも母親をとりまく社会的環境の問題として指摘されるものであり、子殺しの責任を母親に帰するのではなく、社会に帰するべきという認識のもとに形成されていた。こうした言説が形成される中で、同時に主張されていったのは、子殺しや母子心中へと追い詰められた「母親」たちと同じ立場にある、専業主婦の女性たちがいかに閉塞的な状況に置かれているか、そして、その女性たちがひとりの人間として許されるべき欲求、自由への欲求をいかに抱いているかであった。

これらの言説形成活動は、当初は、子殺しや母子心中を防ぐためにはどうすればよいか、という問題解決を目的としていたが、次第に、その論点は、「母親」である女性たちの自由・解放への欲求とその権利をめぐる議論へと移っていくこととなる。

この論点の移行において重要なこととして、子殺しが特殊な個人の問題から一般家庭の母親の誰にでも起こりうる問題へと転換されたことが挙げられる。そのひとつの契機となったのは、子殺しが誰にでも起こりうる問題であることを理論的根拠のある知見として導き出した、宇都宮大学での共同調査である。宇都宮大学の子殺しに関する研究グループは、母親への意識調査を行い、同じ状況に立たされれば一〇人に一人は「自分も子殺しをするかもしれない」との回答結果から、子殺しが誰にでも起こりうる問題であることを主張している。この結果は新聞や雑誌でも発表され（「子殺し ひとごとでない 宇都宮大の調査から 一〇人に一人『あるいは私も』」、『朝日新聞』一九七四年一〇月二八日など）、子殺し事件の弁護活動でも争点となり、さらにその裁判が単行本や雑誌記事でも取り上げられ重要な論点として注目された。このように裁判の弁護活動にも用いられていることからも、母親への意識調査によって得られた母親の一〇人に一人は「自分も子殺しをするかもしれない」と考えるという知見は、問題を一般化し、閉塞的な環境で育児に専念する母親たちが、子殺しを「ひとごとではない」と認識して、自らの置かれた状況と向き合い、「母親」としてだけでなくひとりの人間としての生き方を希求していくにあたっての追い風となった。

同年一一月に子殺しをした母親と自らが同じ立場にあると考えた女性たちによって結成された「子殺しを考える会」の活動は、そのひとつの例である。一九七四年四月の埼玉県岩槻市の生後三カ月の赤ちゃんドラム缶焼死事件の報道（「母親が精神病の悲劇」「野放しの精神障害者」『朝日新聞』一九七四年四月一八日）の数日後、都内の「優生保護法改悪反対」の集会で「A子さんを守ろう」とひとりの女性が呼びかけ、事件報道に対する抗議活動がおきた。この活動についての記事が、呼びかけ人である新美美津子の問題提起とともに朝日新聞の家庭欄に掲載され、大きな反響があった。この活動に参加した女性たちの「他人ごとではない」という思いが集結し、「子殺しを考える会」が発足することとなった。一九七四年第一回会合には約三〇名が参加し、以降、例会は月一回を原則として開かれた。活動の内容は、お喋り、追跡調査（報道とは違う事実を発見）、新聞のスクラップ（月ごとの集計）、子殺しをした女性との面会、裁判の傍聴などであった。一九七五年一月から六月にかけて新聞報道された子殺し事件八四件を分析した「子殺し考」もまとめられた。「子殺しを考える会」の呼びかけ人となった新美は、後に、先述の宇都宮大学の子殺しに関する研究グループが主催するシンポジウムや子殺し研究の成果をまとめた書籍の執筆活動にも参加し、連携して子殺しについて考えていく活動を進めていくこととなった。

新美は、「子殺し」とは何かを考えることにより、自身や同じ立場にある女性たちの生き方や子育てのあり方、また、「母性」や「母子密着」ということに対しても向き合い、考察しようとした。たとえば、新美は「『子殺し』とは何かを考えるにあたって」という論考で、以下のような気づきを投げかけている。

それにしても、私たちは長い間、子供は母親が育てるものだと教えこまされてきた。そうして母と子はぴったりと寄り添い、精神的にもお互い乳離れできずにここまでやってきた。（中略）いつから、こんな密着の時代になったのだろう。（中略）

母親が自力で社会に参加するということは、生き方の視野を広げることにつながる。これしかないという生き方ではなく、あれもある、これもある。しかし、私はそちらを行くという選択の余裕のあるところで、子供に接するのと、家にいるしかない中で子供に接するのでは、接し方の質も違ってくる。だから、私は、『母親は働いたりしないで、家の中にいたほうがいい』などという母子密着を勧める声に賛成しかねるのだ。（三三二）

これらの、子殺しをめぐっての女性たちの言説形成活動をみると、これらの活動こそが、自らの生き方に対する気づきや欲求のめばえのプロセスであったということができるだろう。

冒頭でも述べたように、子殺しをした女性たち自身は、極限的ともいえる逸脱行為に走るしかなく、自らがおかれた閉塞的な状況を打ち破って自由を希求することはできなかった。しかし、これらの追い詰められた女性の存在をめぐって、同じような立場に置かれていると認識した多くの女性たちが、「子殺し」とは何かを考えることによって自らの生き方をみつめ直し、母親としてだけではないひとりの人間としての自由を希求しようとした。それらの活動は、社会を動かし、後に、育児や家族、女性の生き方をめぐる認識枠組みを転換させることとなったのである。

※本章は、筆者である梅田直美の学位論文『戦後日本における「育児の孤立化」問題の形成過程に関する研究』（大阪府立大学学位論文、二〇一一年）の一部に新たな調査による知見を加えて大幅に加筆修正したものである。

（一）　武田京子「既婚の母親の子殺し考」（『あごら』八号、一九七四年）一〇―一九頁。
（二）　田間泰子『母性愛という制度：子殺しと中絶のポリティクス』（勁草書房、二〇〇一年）
（三）　中谷瑾子「『核家族化』と嬰児殺し」（『ケース研究』一三五、一九七三年）三頁。
（四）　土屋真一・佐藤典子「嬰児殺に関する研究」（『法務総合研究所紀要』、一九七四年）八〇頁。
（五）　前掲中谷「『核家族化』と嬰児殺し」。中谷は、女性犯罪を専門とする法学者で、嬰児殺統計を用いた分析、各国の嬰児殺有罪人員と処遇の分析、新聞記事の分析、嬰児殺有罪判決事例の分析等を通じ、嬰児殺、幼児殺傷・遺棄等の様々な論点を取り上げ、法学分野の雑誌での執筆のほか、他分野の研究者と編著を出版するなど多数の執筆活動を行っている。
（六）　前掲土屋・佐藤「嬰児殺に関する研究」
（七）　越永重四郎・高橋重宏・島村忠義「戦後における親子心中の実態」（『厚生の指標』二二巻一三号、一九七五年）一五頁。
（八）　佐藤カツコ「母親による子殺しとその背景」（『犯罪社会学研究』二、一九七七年）九七頁。
（九）　南博「なぜおこる〝わが子殺し〟」（『子どものしあわせ』一九七〇年一二号、一九七〇年）一一頁。
（一〇）　大原健士郎「親殺し・子殺し」（『教育と医学』二七巻六号、一九七九年）五二―五三頁。
（一一）　増田光吉「母親の子ども殺し」（『別冊経済評論』、一九七一年）一九五頁。

（一二）大原健士郎編『自殺学二』（至文堂、一九七五年）
（一三）稲村博「子殺し・親子心中の状況」（『教育と医学』二七巻一号、一九七九年）六〇頁。
（一四）前掲越永重四郎・高橋重宏・島村忠義「戦後における親子心中の実態」一六頁。
（一五）前掲増田「母親の子ども殺し」一九五頁。
（一六）前掲佐藤「母親による子殺しとその背景」九九頁。
（一七）同前、一〇四頁。
（一八）同前、一〇二頁。
（一九）栗栖瑛子「子どもの養育に関する社会病理学的考察：嬰児殺および児童の遺棄、虐待」（『ジュリスト』五七七、一九七四年）一二七頁。
（二〇）佐々木保行「子捨て・子殺し」（『ジュリスト総合特集』、一九七七年）二三九―二四〇頁。
（二一）佐々木保行編『日本の子殺しの研究』（高文堂出版社、一九八〇年）一七〇頁。
（二二）新美美津子「『子殺し』とは何かを考えるにあたって」（『家庭科教育』、一九七七年）四五頁。
（二三）前掲佐々木編『日本の子殺しの研究』一七二頁。
（二四）前掲佐藤「母親による子殺しとその背景」一〇〇頁。
（二五）同前、一〇〇頁。
（二六）前掲佐々木編『日本の子殺しの研究』
（二七）同前、六六―六七頁。
（二八）同前、六六―六七頁。
（二九）同前、一八五頁。
（三〇）同前、六四頁。
（三一）前掲武田「既婚の母親の子殺し考」頁。
（三二）同前、頁。
（三三）前掲新美「『子殺し』とは何かを考えるにあたって」四三―四四頁。

第三章 「孤立」にみる自由と人権

梅田直美・林尚之

はじめに

本章では、近年の「孤立」をめぐる「生存権」と「自由権」との衝突についての問題意識を出発点として、戦後日本における「孤立」の言説史を「自由」の概念に着目しながらとらえ直すことを試みる。

戦後日本の社会においては、周知のとおり、都市化や核家族化などの社会の変容に伴い、地縁・血縁的紐帯が衰退してきたことが指摘されている。統計データでは、核家族化のみならず単身化が顕著となり、また、OECD諸国のなかで日本は突出して「社会的孤立」の状況にある人が多いという結果も出ている。そうした意味で、戦後日本は孤立化の歩みを続けてきたということが出来るだろう。

特に近年においては、周囲の援助を受けず、地域コミュニティや家族とも疎遠になり、孤立した生活をおくる人々の存在が、深刻な人権問題として認識されている。「援助拒否」「セルフ・ネグレクト（自己放任）」という言葉で示される状況がその典型的なものである。これらの孤立した状況が行きつく先として問題化されているのが「孤立死」である。二〇一〇年のＮＨＫスペシャル「無縁社会～孤立死 三二〇〇〇人の衝撃」を契機とした日本社会における「無縁社会」ブームは、孤立が特殊な問題ではなく、日本社会に生きる誰もが直面する問題であるという認識を広く流通させた。学術の分野でも、孤立に関する著書が次々と出版されるようになった。たとえば、孤立そのものをテーマとして扱うものとして石田光規の「孤立の社会学」（一）、河合克義らの「社会的孤立問題への挑戦」（二）などがある。また、孤立した状況を生み出す重要な原因のひとつとして家族を形成しない単身者が急増していることを指摘し、その単身化の問題を取り上げた山田昌弘の「家族難民」（三）、藤森克彦の「単身急増社会の衝撃」（四）などもある。

このように、近年は孤立をめぐっての言説活動が著しい。その多くは、孤立が社会で対処すべき問題であることを前提としている。孤立は人々が余儀なくさせられているものであり、孤立した状況にある人には支援や見守りの手が差し伸べられるべきで、それらの人々が放置され見過ごされることは人権保護の視点からも問題があることとみなされる。

しかし、地域の人々との関わりを避け（拒み）、家族からも疎遠になる、あるいはそもそも家族を形成しないという生活態度・生活意識は、少なくない人々が歴史的に求めてきた自由のひとつの形でもあった。このことは、多くの論者が指摘してきたことでもある。近年も、そうした点を指摘する論者はわずかであるが存在する。たとえば、島田裕巳は、「無縁社会」は本当に否定すべきものなのか、という疑問を提示している。島田は、高度成長の時代に人々が自ら有縁社会である村から無縁社会である都市へ出てきたことについて言及し、人々は自ら無縁と自由を選んだのだと指摘し、「無縁社会ということについても、実はそれは、私たちが望んできた社会のあり方なのではないだろうか」「無縁死や無縁社会をどう解消していくかという議論を展開する前に、私たちはそうした地点にまで舞い戻り、原点から議論を組み立て直していく必要がある」（五）と主張している。

個人が社会から孤立しているという状況は、たしかに、社会からの扶助を享受する上での障壁となる事態であり、人権が守られない原因となりうる。しかし、一方で、孤立することは社会における諸々の関係、束縛から自由になる権利を行使することでもある。こうした孤立をめぐっての人権のジレンマが如実に現れているのが、先述の「セルフ・ネグレクト」のようなケースであるといえよう。

本章では、こうした孤立をめぐっての人権のジレンマについての問題意識を出発点としながら、戦後日本における「孤立」の言説史を、「自由」という概念に着目しながらとらえ直すことを試みる。筆者らはこれまで、戦後日本における「孤立」の言説史研究を行ってきた（六）（七）。それらの研究においては、「孤立」をめぐる言説活動のいくつかの局面に着目してきたが、本章では、そのうち特に「束縛から自由になる権利を行使する」ことと、「社会からの扶助を享受できない状況になる」ことの両者の言説のせめぎ合いがみられた歴史上のトピックを抜粋し、そのトピックに関するこれまでの研究成果を先述の問題意識に沿って読み直し、再検討していきたい。

一　「生存権」と「自由権」の衝突　―「セルフ・ネグレクト」をめぐって

まず、本章における問題意識の出発点となった、近年の「孤立」言説にみられる「生存権」と「自由権」の衝突、人権のジレンマともいえる論点とはどのようなものであるかを、「セルフ・ネグレクト」という問題に着目しながらみていきたい。

「セルフ・ネグレクト」という概念が注目されるようになった始まりは、イギリスでの一九五〇年代から一九六〇年代にかけて行われた仙人や隠遁者、特に高齢者の隠遁に関する研究であり、その後、一九六〇年代から七〇年代にかけて、地域医やコミュニティ・ワーカーに対する調査などを通じて、外見などが汚れていて衛生状態が悪い人々に関する事例報告がなされるようになったという。アメリカでは、一九八〇年代の後半から一九九〇年代にかけて、高齢者虐待のひとつとして、この「セルフ・ネグレクト」が取り上げられるようになった。全米高齢者虐待問題研究所（National Center for Elder Abuse）においては「自分自身の健康や安全を脅かす事になる、自分自身に対する不適切な、または怠慢の行為」と定義づけられている（八）。

日本では、主にアメリカの影響を受けながら、一九九〇年代頃から高齢者虐待の研究者らによってセルフ・ネグレクトに関する議論がなされてきた（九）。現在の日本では、高齢者虐待に関する議論だけでなく、高齢者の「孤立死」とより結びつけられて議論され、福祉分野を中心に広く普及しつつある。二〇一一年には、内閣府経済社会総合研究所の委託事業として行われた「セルフネグレクト状態にある高齢者に関する調査―幸福度の視点から」（二〇）の報告書が公表された。また、同年には老人保健健康増進等事業として行われた「セルフ・ネグレクトと孤立死に関する実態把握と地域支援のあり方に関する調査研究報告書」（二一）がニッセイ基礎研究所によってまとめられた。

これらの報告書では、「セルフ・ネグレクト」の定義として、全米高齢者虐待問題研究所による「自分自身の健康や安全を脅かす事になる、自分自身に対する不適切な、または怠慢の行為」という定義ではなく、津村智恵子らによる「高齢者が、通常一人の人として生活において当然行うべき行為を行わない、或いは、行う能力がないことから、自己の心身の安全や健康が脅かされる状態に陥ること」（津村 二〇〇六）という定義が用いられている。「セルフ・ネグレクトと孤立死に関する実態把握と地域支援のあり方に関する調査研究報告書」では、この定義を採用するまでに検討した論点について、以下のように述べている。

一方、わが国においてこの定義を引用する際に大きな議論となっているのが、このアメリカ合衆国の定義で除外されている「精神的に健全で正常な判断力を有する者が、自由意志にもとづいて、自らの結果を承知のうえで続ける行為はセルフ・ネグレクトと言わない」という論点である（多々良ら二〇〇四）。この点に関して、津村が主宰する大阪の高齢者虐待防止研究会では、「個人主義の徹底しているアメリカ社会と異なり、依存と気兼ね、世間体を気にし、周囲に委ねて自己主張をしない」というわが国の高齢者の特徴からセルフ・ネグレクトに関して意図的かどうかに関わらず見過ごせないという立場をとっている（津村ら二〇〇六）。

以上の日本の研究者らによる議論をふまえ、「平易であることに加え、いわゆる意図的なセルフ・ネグレクトに関してわが国の文化的背景に基づく議論が必要」であることから、津村らの定義を採用することにしたという。また、内閣府の「セルフネグレクト状態にある高齢者に関する調査―幸福度の視点から」の報告書では、先述の津村らの定義を引用しつつ、以下のように述べている。

セルフネグレクト〈自己放任〉とは、在宅で「高齢者が、通常一人の人として生活において当然行うべき行為を行わない、或いは、行う能力がないことから、自己の心身の安全や健康が脅かされる状態に陥ること〈津村智恵子「セルフ・ネグレクト防止活動に求める法的根拠と制度的支援」〈高齢者虐待防止研究、二〇〇九〉〉」とします。これは、認知症などのような疾患から適切な判断力が欠けている、又は、様々な事情で生活意欲が低下しているために自己放任のような状態になっている場合〈無意図的〉と、判断力や認知力が低下していないが本人の自由意志によって自己放任のような状況になっている場合〈意図的〉を含みます。

〈セルフネグレクトの例〉

① 家の前や室内にゴミが散乱した中で住んでいらっしゃる方
② 極端に汚れている衣類を着用したり、失禁があっても放置している方
③ 窓や壁などに穴が開いていたり、構造が傾いていたりする家にそのまま住み続けていらっしゃる方
③ 認知症であるにも関わらず介護サービスを拒否されている方
④ 重度の怪我を負っているにも関わらず治療を拒否されている方 など

ここで注目すべきは、アメリカでの定義で除外されている「精神的に健全で正常な判断力を有する者が、自由意志にもとづいて、自らの結果を承知のうえで続ける行為はセルフ・ネグレクトと言わない」という論点をめぐる、日本の行政、研究者らの見解である。

「セルフ・ネグレクト」には、「無意図的」すなわち「認知症などのような疾患から適切な判断力が欠けている、又は、様々な事情で生活意欲が低下しているために自己放任のような状態になっている場合」と、「意図的」すなわち「判断

力や認知力が低下していないが本人の自由意志によって自己放任のような状況になっている場合」が含まれている。アメリカでは、後者に該当する「精神的に健全で正常な判断力を有する者が、自由意志にもとづいて、自らの結果を承知のうえで続ける行為」は「セルフ・ネグレクト」から除外している。しかし、日本では、「個人主義の徹底しているアメリカ社会と異なり、依存と気兼ね、世間体を気にし、周囲に委ねて自己主張をしない」という文化的背景を理由として、「意図的」すなわち「判断力や認知力が低下していないが本人の自由意志によって自己放任のような状況になっている場合」も含めるとしている。

さらに、内閣府の調査報告書では、次のように述べられている。

一人暮らしなどの高齢者の中には生活に関する能力や意欲が低下し、自分で身の周りのことなどができないなどのために、客観的に見ると本人の人権が侵害されている事例があり、これは「セルフネグレクト（自己放任）」と呼ばれているが、最近の事例研究などからも、介護や地域とのつながりを拒否し、自傷により自らの健康や安全を脅かす層が少なからず存在することが明らかになってきている。また、地域から孤立しているだけでなく、家族からも疎外されているような事例もあり、孤独死につながる可能性も高く、その観点からも幸福度が非常に低い層であると考えられる。

この記述をみると、「セルフ・ネグレクト」は、孤立や疎外、孤独死と結び付けられ、「客観的に見ると本人の人権が侵害されている事例」ともいわれている。

先に述べた「セルフ・ネグレクト」の定義をみるかぎり、その一部に「孤立」は含まれるものの、直接的に「孤立」に結び付くものではない。しかし、日本では、「孤立死」の約八割は「セルフ・ネグレクト」であるとされ、「セルフ・ネグレクト」と「孤立」は強く結び付けられている。そのため、先に述べた「意図的」すなわち「判断力や認知力が低下していないが本人の自由意志によって自己放任のような状況になっている場合」が、支援・解決すべき「セルフ・ネグレクト」にあたるかどうかという論点は、「孤立」に対して社会が支援・介入すべきかどうかという論点とつながっている。

「セルフ・ネグレクト」に限らず、現在の日本社会では、高齢者であれ若者であれ、「孤立」した状況にある人は支援されるべき対象とみなされている。行政においても、「社会的孤立」という概念が頻繁に用いられ、孤立を人権問題としてとらえて社会的支援の対象とするようになっている。たとえば、二〇〇〇年七月の厚生労働省「社会的援護を要する人びとに対する社会福祉のあり方に関する検討会の報告書」では、「社会的孤立や孤独（孤独死や自殺、家庭内の虐待・暴力など）」という問題を、以下のように、従来からの貧困とは異なる現代に特有の福祉的課題として取り上げている。

従来の社会福祉は「貧困」を主たる対象としてきたといわれていますが、現代では

・「心身の障がい・不安」（社会的ストレス問題、アルコール依存、など）
・「社会的排除や摩擦」（路上死、外国人の排除や摩擦、など）
・「社会的孤立や孤独」（孤独死、自殺、家庭内の虐待・暴力、など）

といった問題が重複・複合化しています。これらの新たな福祉課題に対応するためには、今日的な「つながり」の再構築を図り、すべての人々を孤立や孤独、排除や摩擦から援護し、健康で文化的な生活の実現につなげるよう、社会の構成員として包み支え合う（ソーシャル・インクルージョン）、新しい社会福祉をすすめていく必要があります。

地域住民や地域で活動する団体・組織等は、「社会的援護を要する人々」も含め地域で生活するすべての人をソーシャル・インクルージョンするための地域福祉活動をめざしていくことが必要です。

このように、現代の日本社会においては、地域からも親族からも孤立して、ひとりだけで生活を送ることは、それが主体的であるにしろ非主体的であるにしろ、社会的に対処すべき（社会が放置すべきでない）問題とみなされているのである。

そこで論点となるのが、先の「意図的」な「セルフ・ネグレクト」をめぐる議論と同様に、「自由意志」によって家族や地域とかかわることなく「社会的孤立」の状況をつくりだす人々に対し、社会が介入すべきかどうか、ということである。本人が家族や地域の人々とのかかわりを拒否するにもかかわらず、支援・介入しようとする場合、それは「人権の擁護」にあたるのか、「人権の侵害」にあたるのか。

「セルフ・ネグレクト」をめぐっては、これは「愚行権」と「生存権」をめぐる論点としてとらえられている。たとえば、岸恵美子は「愚行権」を「たとえ他の人から愚かな行為だと評価・判断されても、個人の領域に関する限り、邪魔されない自由のこと」とし、「生命や身体など、自己の所有に帰するものは、他者への危害を引き起こさない限り、たとえその決定の内容が理性的に見て愚行と見なされようとも、対応能力を持つ成人の自己決定に委ねられるべきである、とするもの」と述べる。この「愚行権」は日本国憲法一三条に照らして保障されるべきものである。一方で、日本国憲法の第二五条「国民は、健康で文化的な最低限度の生活を営む権利を有する」「国は、すべての生活部面について、社会福祉、社会保障及び公衆衛生の向上及び増進に努めなければならない」という「生存権」に照らすと、国は国民の健康を守ることが責務となる。この「愚行権」と「生存権」をめぐる論点は、支援現場でも「本人の安全や健康の保障」と「個人の意思の尊重」のどちらを優先させるべきかというジレンマへとつながっているという[一三]。

「孤立」に対する社会的支援・介入についての議論でも同様の論点を見出すことができるだろう。孤立をめぐり多くの人々が主張するように、たしかに、現代社会に生きる少なくない人々が、社会環境によって「孤立を余儀なくされている」かもしれない。また、これまで指摘されてきたように、貧困や、世間体を気にしたり「気兼ね」して自己主張しづらいという日本の文化的背景が、孤立と関わっていることもたしかであろう。孤立する人々には主体的な自由意志よりも、避けがたい事情、翻弄されている事情といったもっと重大な背景があるのだということも、社会的課題を解決するうえでは、主張すべき事実であろう。

しかし、そうした「社会的な」問題解決のために主張すべきことだけで、すべてを終わらせるべきではないのではないか。「孤立」の歴史には、社会的制度や拘束から逃れようとする「自由」への意志も含まれているはずである。それを過小評価せず拾い上げていくことも、孤立をめぐる現代的課題に対して向き合う上では不可欠なのではないだろうか。

以上の問題意識に基づき、以下では、筆者がこれまで明らかにしてきた戦後日本における「孤立」の言説史を、「自由」という概念に着目しながら読み直していきたい。特に、「束縛から自由になる権利を行使する」ことと、「社会からの扶助を享受できない状況になる」というこの両者の言説のせめぎ合いがみられた局面を取り上げていきたい。

二　戦後日本における「孤立」の言説史と「自由」

二・一　地縁組織復活への抵抗と個人の確立

周知のとおり、戦後民主化政策によって、日本における地縁および血縁的つながりは大きな転機を迎えた。地縁的つながりにおいての重要な転機となったのは、隣組や町内会の廃止である。隣組や町内会は、戦時中に大政翼賛会の指導の下（昭和一七年八月一四日閣議決定「部落会町内会等ノ指導方針」）、国策の浸透や相互監視に利用されたことから、戦後GHQによる政令「町内会部落会又はその連合会等に関する解散、就職禁止その他の行為の制限に関する政令」（昭和二二年政令第一五号）によって廃止された。その後、GHQによる政令一五号が廃止され、復活のときには、その是非と地域共同体のあり方が活発に論じられた。この時の議論では、隣組や町内会は、前近代的な拘束、「封建遺制」や「危険な逆コース」として批判された。結局は、「民主的」な集団・組織として生まれ変わることを条件として復活させるべき、という声が主流となっていったが、この隣組・町内会廃止をめぐる議論を経たことにより、地縁団体、地域組織のあり方やその意味が問われ、戦後の日本社会における地域共同体に対する認識は変容することとなった。

その時の状況が、当時の新聞記事からうかがえる。一九五二年九月二三日の『朝日新聞』には、政令一五号の無効化に伴い隣組が復活することを懸念する記事が掲載されている。また、各地で旧隣組に類似する地縁組織が結成されようとする中で、反対派の動きが生じている状況も記されている。

このうち、杉並区の「明るい生活会」による隣組復活への反対の動きは、何度かにわたり報じられている。杉並区の一部の町において、旧隣組に類似した「親和会」が、戦時中の隣組班長を中心に再び結成されそうであるということから、主婦たちのグループ「明るい生活会」が結成を中止してほしいと申し入れた事件である。「明るい生活会」（会員約二〇〇〇名）の申し入れ書の反対理由は、「戦争を防ぎたい。子供たちの貴重な血を、二度と無益な戦争のために流させたくないと念願する私たちは、個々の町民の意思が無視され、権力に利用され、左右され易い隣組体制をつくることに反対します」というものであった。この申し入れに対する回答は、「親和会」を結成しようとした側の二名から口頭で返されたという。その回答は、「数人の人たちに相談した結果この申入書はなんとなく返してしまおう、ということになり、出かけて話をしました」と、まだ会長も役員も決まっていないし主旨がよくわからない、やっぱり街は明るくしなければならない、一存では決められない、隣の町でもやっているからこちらでも作ろうと何回か集まって話をした、などの理由で返却することにしたという。「婦人の方々に早くお知らせしておけばよかったが…」と述べ、申し入れの主旨に対しては、なんら回答していなかったことが読み取れる。これに対し、「明るい生活会」は以下のように反論している。

早くお知らせすれば…というだけの考えもおかしいし、いまさら、まだ会が出来ていないようにいうのも分らない。町内のことといっさいを含んだ仕事を、いわゆる〝土地の人〟―旧町会役員その他に利用されたのでは、結局政治にも利用されるおそれがあります。隣組に逆もどりという感じです。みんなで町内で〝反対署名運動〟もしようと決

めました（『朝日新聞』一九五二年五月三〇日）

その後、同年六月一日に意見交換が行われたが、両者の意見に食い違いがあり、了解に達しなかったという（『朝日新聞』一九五二年六月三日）。

この記事には、「明るい生活の会」の一員である主婦の声が以下のように掲載されている。

弱腰になってはいけないと思う。主婦たちは、ほとんど署名をイヤがったりしません。（中略）親和会の方々との話し合いでは、ほとんど私たちが〝反対〟している意味が分らなかったのだと思います。あの方たちは、何々協力会、あるいは町内会的なものが、かつて隣組を通じ、上からの命令の伝達だけしかしなかったということを、もう忘れてしまっているのではないでしょうか。

これに対し、「親和会」側は「防犯や防火の協力会を作ること、街を明るくすることが、どうして悪いのか」と、主婦たちの主張の意味がわかっていない様子を伝えている。この主婦グループの主張は、決して一部の団体だけの特殊なものではなかった。そのことは、同記事に掲載されている社会評論家のコメントからも読み取れる。

旧町内会、隣組などに対して、主婦の抱いている〝疑惑〟や〝怖れ〟は、日日の生活の中からジカに教えられ出てきたもので、尊重すべきだと思う。（中略）旧指導者が、形を変えて組織をしたとしても、現実に顔ぶれが同じであれば、やはり戦時体制の下部組織のようだと見なすのが、現在の国民感情です。

これらの婦人たちによる反対の動きを受けて、一九五二年一〇月二三日には、東京にて、都教育庁が各地域の婦人団体幹部五〇名を招き、隣組復活の是非についての意見交換を行っている（『朝日新聞』一九五二年一〇月二四日）。この意見交換においては、防犯協力会や防火協力会というものが各地に存在し、隣組がこれを根拠に復活していること、地主や町の有力者が昔の組長の名称を理事長などに変えて幹部になり、その人たちの思うままにまかせるという実情が報告されたという。そののち、ある婦人会から、一概に非難せず、長所・短所を知ることが必要であること、そのうえで「隣組が出来そうになったら、婦人たちが積極的にその中に溶けこんで、長所を生かすように、封建的なものが出来ないように盛り立ててゆく方向に持っていけば、非難ばかりしなくてもいいのではないか」との提起がなされ、これが論議の中心となった経緯が書かれている。このように、隣組の是非についての意見交換会では、結果として、婦人たちの手によって民主的な組織を作っていこうという意思で統一された、とまとめられている。しかし、これに対し、同記事では、「隣組を作るよりは個人の確立が先決」という見出しの識者コメントも掲載されており、戦後のこの時期においては、隣組などの地縁組織の結成よりも、個人の確立が重要なこととして認識されていたことが読み取れる。

以上のように、戦後まもない一九五〇年代は、戦時中に地縁組織が国策に利用されたことから、地域共同体による束縛に対する拒否感が拭えていない時期であった。そのため、地縁組織を復活させることについては、主婦を中心に反対運動が生じ、有識者も、地縁組織の復活よりも個人の確立が先決であるという認識を共有していたのである。

二.二　団地論における「個人主義」と「家族中心主義」

しかし、一九六〇年代に入り、次第に地縁・血縁的つながりの衰退や、個人・家族の孤立が問題として主張され始める。そのひとつの局面が、団地の人間関係をめぐる言説活動である。一九五〇年代後半以降、大量に建設された団地に注目が集まり、団地居住者を対象とした調査研究や報道が盛んに行われた。これらの言説活動の中で、「団地族」と呼ばれる新しい中間層の生活意識や、生活実態が明らかにされるようになった。

「団地族」の特徴として指摘されたのは、主に以下の三点であった。第一に、団地家族の構成は人数が三～四人の核家族、その夫はサラリーマン、妻は無職であり、親世帯との同居をせず「親子水入らず」で生活する都市的・近代的な家族であることが指摘された。第二には、団地での地域社会の状況について、近隣づきあいがきわめて弱いことが指摘された。第三に、団地族の人間関係に対する思考様式として「個人主義」「家族中心主義」であることが指摘された。ここで指摘された「個人主義」と「家族中心主義」は、近隣づきあいの希薄化の背景ともなるもので、団地の人間関係を特徴づける鍵概念となっていた。

では、この「個人主義」「家族中心主義」とは、どのような状況を指していたのであろうか。

まず、当時の団地調査のうち代表的なもののひとつであった西宮北口調査を行い、当時の団地論を先導した増田光吉の見解をみていきたい。増田は、当時の日本における団地の主婦の近隣づきあいが、欧米に比べて低調である理由を探ろうとした。そして、日本の団地の主婦の近隣づきあいを阻む要因のひとつとして「個人主義」をあげた。この「個人主義」は、本来の意味の「個人主義」とは異なる「にせの個人主義」と名づけられるものであるとし、その日本特有の「個人主義」の問題性を指摘した。増田は、その日本の「個人主義」について、「農村共同体的な人間関係を敵視するという点で一歩の前進がみられるがそれに代わる市民的な人間関係の樹立へ積極的に努力する意欲がなく、むしろ神経質に拒否するという傾向が強いという点で、団地における協同活動や近所ずき（ママ）あいの否定へと向かわせる力をもつ」とみていた。それゆえに、増田は日本の団地居住者にみられる「個人主義」を「にせの個人主義」と呼んだ（一四）。

もう一つ、当時しばしば引用された住宅公団の団地調査報告書でも類似した記述がみられる。この調査報告書では団地における「個人主義者たち」は自己中心主義の雰囲気をも感じさせるとし、団地は個人生活の尊厳が守られる場所であるよりは、むしろ近隣からの逃避の場所のようであるとして、その人間関係の問題性を指摘した。また、「西欧的な個人主義」と「日本的な個人主義」を比べて、「日本的な個人主義」が一方の極に偏りすぎたものであることを指摘し、日本の団地における人間関係が前例のない特殊性を持つものであることを指摘した（一五）。

このように、当時の団地居住者に対して用いられた「個人主義」という概念には、「市民的な人間関係の樹立」や「個人生活の尊厳」といった意味と、「農村共同体的な人間関係を敵視」「近隣からの逃避」といった意味の双方が含まれていた。そして、日本では後者に偏っていることが問題として指摘されていたのである。

「家族中心主義」についても、「個人主義」と同様に、日本の特殊性が論じられている。たとえば、増田は、近所づきあいを左右する日本固有の要因について論じる中で、「家族中心主義」を「ファミリズム」という言葉を用いて説明し、「ファミリズム」は家族制度とは異なるものであり、単に前近代的な共同体社会に対する反抗が異常な求心性となって表れているにすぎないという解釈を示した(一六)。また、増田は、後の論文において、日本における「家族中心主義」は「ムラ」的な人間関係に対する反動、あるいはそれから脱却して核家族を確立するための前段階であると指摘した(一七)。

以上のように、団地論においては、近隣づきあいが極めて弱いこととあわせて、日本の都市的・近代的家族における「個人主義」「家族中心主義」志向がいかに日本特有のものとして現れているかが論じられた。その日本特有の「個人主義」「家族中心主義」志向は、先述の隣組・町内会の復活をめぐる議論と同様に、日本における「前近代的」な人間関係に対する敵視や反抗、それらの人間関係からの逃避として現れたものであるとみなされていたのである。よって、この時期の団地論においては、人々が「個人主義」「家族中心主義」志向であり近隣づきあいが低調であるという状況は、人々の主体的な選択の結果であり、前近代的な人間関係による拘束からの逃避や自由への希求の現れとして、とらえていたのである。

二．三　孤立／孤独の問題化とコミュニティ政策の誕生

一九六〇年代は、「老人の孤独」や「都会の孤独」が問題として取り上げられ始めた時期でもある。「老人の孤独」については、頻発する老人の自殺や孤独死をめぐっての問題化が進められた。例えば、マスメディアでは、「悲しい『敬老の日』孤独な老人　自殺相次ぐ」（『朝日新聞』一九六六年九月一六日）といった見出しの新聞記事が多数みられるようになった。「都会の孤独」については、連続射殺事件や爆破事件などの注目を集めた事件の加害者と「都会の孤独」

が結びつけられて報道されたことが契機となり、犯罪の背景として問題化された。例えば、「都会で孤立 火薬に興味 横須賀線爆破の若松」（『朝日新聞』一九六八年一一月一〇日）、「都会の孤独 ゆがんだ青春 連続射殺 永山、転落の足跡」（『朝日新聞』一九六九年四月八日付朝刊）などの見出しで事件が報道されている。ここで問題とされたのは、都市化に伴い集団就職のために上京してくる青少年の「孤立」であった。

こうした「老人の孤独」や「都会の孤独」の問題化は、『厚生白書』や『犯罪白書』などの政策文書においても同時期にみられた。『厚生白書』では、「老人の孤独」については一九五八年度から、「都市化」「核家族化」は一九六四年度から、問題として言及され始めた。また、『犯罪白書』では一九五〇年度から「少年犯罪」と「都市化」「核家族化」が結び付けられて問題化されている。

このように、「孤立」は、高齢者の孤独死や青少年の犯罪の問題を介して社会的な問題となっていった。

以上のような孤立／孤独の問題化に伴い、次第に、家制度や隣組・町内会といった従来の血縁的地縁的な共同体に代わる、新たな秩序や連帯のあり方が強く論じられていくようになる。そのひとつがコミュニティ論であった。一九五〇年代から六〇年代にかけて、シカゴ学派の流れをくむ都市社会学の研究者らが中心となりアーバニズム研究が盛んになった。このアーバニズム論は、日本でもこの時期、大衆社会論とともに強い影響力を持っていた。その中で都市化に伴う「地縁・血縁などの第一次的接触の衰退」「地域解体／家族解体」をめぐる議論が活発化し、それらの状況に対応していくための、前近代的な地域共同体とは異なる新たな共同体として「コミュニティ」の概念が論じられるようになった。

一九六九年には、コミュニティ政策誕生の契機となった文書とされる国民生活審議会『コミュニティ—生活の場における人間性の回復—』がまとめられた。この文書では、コミュニティの必要性の根拠として、アーバニズム論的、大衆社会論的枠組みを基盤とした社会全体的な「孤立」「孤独」「疎外」の問題、生活問題や生活環境の悪化に対する近隣の共同防衛・相互扶助、市民論などが盛り込まれた。

この文書で注目すべきことは、そうした社会背景のもとで必要とされる新たな共同体のあり方として提唱された、「コミュニティ」の理念である。

人々の間に新しいつながりが必要であるとしても、それは人々の自主性を侵害するものであってはならない。またかつての地域共同体にみたような拘束性をそのまま持ち込むものであってもならない。現代市民社会は拘束からの自由と同時に参加する自由も保障するものである。人々はある時には孤独を愛し、他の時には集団的帰属を求めるのであるから、このような要求に対応する開放性が必要である。

以上のような観点から、生活の場において、市民としての自主性と責任を自覚した個人および家庭を構成主体として、地域性と各種の共通目標をもった、開放的でしかも構成員相互に信頼感のある集団を、われわれはコミュニティと呼ぶことにしよう(一八)。

この記述から読み取れるように、この政策文書において「コミュニティ」は、「拘束からの自由」と「参加する自由」への要求の双方に対応しうる、開放性をもつものとして提唱されていたのである。

コミュニティ政策の提唱は、先述のような言説活動で明らかにされた個人主義・家族中心主義な生活実態と、地域共同体が崩壊しているのにもかかわらず新たな連帯が不在になっている状況に対して警鐘を鳴らし、コミュニティを形成することで「人間性の回復」をはかろうとする活動であった。これらの言説においては、大衆社会論やアーバニズム論の枠組みによる社会全体における孤立の問題と、老人や子ども、青少年、婦人などに主眼を置いた生活問題に対する近隣の共同防衛・相互扶助機能の喪失の問題という大きく二つの問題が指摘されていた。このうち、後者に対しては、孤立の問題性そのものに批判的な論者でさえ異論はなく、かえってこのような近隣の生活問題の解決手段としてコミュニティを形成していくべきであるとの指摘がみられた。一方、前者の大衆社会論的な社会全体の孤立の問題をめぐっては、

「本当に孤立しているのか」「孤立は憂慮すべきことなのか」という批判が生じた。

また、もうひとつ留意すべきことは、「官製コミュニティ」すなわち行政主導のコミュニティ政策に対する批判が大きかったことである。市民社会の形成を目指すのであれば、住民主導は必須条件であり、行政主導で地域組織を形成することは上意下達の隣組・町内会などの再現にすぎないとして批判を受けた。現在は異議を唱えられることのないコミュニティ政策でも、当時は行政による地域・家族への介入として危険視する見方が強く残っていたのである。

以上のように、戦後から一九七〇年代までの言説史をみると、「孤立」は否定的な評価だけでなく、前近代的な拘束からの解放、個人の確立や自由への希求といった文脈で肯定的に評価されながらも、その副作用に対する処方として、「拘束からの自由」の要求に対しても「参加する自由」すなわち集団的帰属を求める自由の要求に対しても対応しうる新たな社会集団、「コミュニティ」の必要性が説かれるようになったことがわかる。そして、コミュニティ政策で懸念されていたのは、行政による地域・家族に対する統制であった。現在の「セルフ・ネグレクト」をめぐる議論でも、社会権・生存権を保護するための行政や専門家による介入の必要性が説かれながらも、一方では、自由権の観点からその介入に関しては慎重な意見も少なくない。戦後の「孤立」をめぐる論点でみられる、相互扶助機能を回復させ、生活問題を解決しようとする立場からの行政の積極的介入と、前近代的拘束からの自由を保障しようとする立場との対立は、生存権と自由権との衝突という「孤立」をめぐっての人権のジレンマそのものであった。「セルフ・ネグレクト」に見出せる「社会的孤立」をめぐる人権のジレンマは、戦後社会が伝統的共同体の崩壊のなかで新たな秩序を模索する過程で絶えず直面してきたアポリアであったのである。

おわりに

戦後の日本社会は人々の「孤立」に対して特別なまなざしをむけてきた。これまでの地縁・血縁的なつながりが衰退するなかで、人々の「孤立」は、新たな秩序が紡ぎ出される過程の産物ととらえられてきた。家制度や隣組といった旧来の共同体に代わる、新たな秩序として提唱されたものがコミュニティであった。住民主導、行政主導の別なく、「コミュニティ」の形成は、「孤立」を問題視する戦後社会にとって重要課題であり続けてきた。コミュニティ論で論点となってきたのは、自由の問題であったという見方もできるだろう。高齢者の孤独死や青少年の犯罪といった社会問題を媒介にして、「孤立」した人々に対する社会的支援の必要性が共有され、行政の政策課題となった。その社会的支援が行政主導で行われることをめぐり議論が起こったが、そこで争点となっていたのは、まさに生存権と自由権との撞着であった。行政による介入は、生存権を保護するためでもあるが、他方でその介入は拘束からの自由を希求する人々の権利を侵害してしまう危険性も有していた。

人々が、拘束からの自由として「孤立」を志向することは、自由権の行使として間違いなく認められるべきことである。また、状況によっては「愚行権」の行使、ということにもなるかもしれない。試行錯誤する権利、すなわち、愚行権は「人権」の重要な構成要素である。人が親族や社会から離れ、「孤立」を求めること自体、取り立てて妨げられるべきことではない。

しかし、戦後日本の社会では、いつからか「孤立」は見守り／監視すべき状況としてとらえられるようになった。そして、その「孤立」を防ぐために、いま社会はあらゆる手を尽くそうとしている。近隣、親族、地域の専門家といった社会の誰とも関わらずにひとりで生きていくことは、社会が支援・介入すべき「問題」となっているのである。その理由には、先述のように「孤立死／孤独死」や虐待などを防ぐためという理由がある。また、「孤立」することが自由権、愚行権の行使であるということを理解しており、それを「侵害」しないように気を配りながら、「孤立」を防止するための活動を行っている支援者もいる。

現在、「セルフ・ネグレクト」をめぐる議論にもみられるように、「孤立」した状況が行き着く先には心身の健康や生命をも脅かすリスクがあることが指摘されている。それでもなお、「孤立」を求める人々は存在し続けている。行政の支援があっても、それを拒絶し、「孤立」を求める人々の存在は、何らかの拘束から逃れようとする「自由」への意志の在処を明らかにするものではないだろうか。そしてその先に、社会的な死、個体としての死があったとしても「孤立」を求めてやまない人々の姿には、愚行権を行使するなかで新たな権利が生成していく情景をも垣間見ることができる。高齢者の孤独／孤立をめぐっては、ほかの世代の孤独／孤立の問題よりも、より人間の尊厳や、人権、生存権と絡めて論じられる傾向がある。二〇〇七年厚生労働省「高齢者等が一人でも安心して暮らせるコミュニティづくり推進会議（「孤立死」ゼロを目指して）」報告書（一六）では、「今後『孤立生活』が一般的なものとなる中で、人の尊厳を傷つけるような悲惨な『孤立死』（社会から『孤立』した結果、死後、長期期間放置されるような『孤立死』）が発生しないようにする必要がある」と述べられている。「孤立死」は、一般的に、「死後二日以上」ないし「死後四日以上」たってから発見されたケースを含めることが多いが、この基準は、法医学的な見地からみて何日経過すると死者の尊厳が冒されていると考えることができるか、すなわち、その腐敗が尊厳を冒す状態であるかどうか、何日経過すると死者の状態変化に伴って社会経済的な損失が生じる可能性があるのか、という点に基づいて定められている。行政によって「孤立死」が死者の尊厳が冒される事態としてとらえられることで、人間の尊厳や生存権に、死者の権利が付け加えられているのである。これは生存権が「セルフ・ネグレクト」という愚行権の行使と撞着・衝突した結果、新たな権利が生成したとみることができるのではないだろうか。このことは、新たな権利はその野放図な自由のなかでこそ、生み出されるということを示唆しているのではないだろうか。

※本章は、筆者のひとりである梅田直美の学位論文『戦後日本における「育児の孤立化」問題の形成過程に関する研究』（大阪府立大学学位論文、二〇一一年）の一部に、新たな調査による知見を加えて大幅に加筆修正したものである。

（一）石田光規『孤立の社会学―無縁社会の処方箋』（勁草書房、二〇一一年）
（二）河合克義・板倉香子・菅野道生編著『社会的孤立問題への挑戦―分析の視座と福祉実践』（法律文化社、二〇一三年）
（三）山田昌弘『「家族」難民―生涯未婚率二五％社会の衝撃』（朝日新聞出版、二〇一四年）
（四）藤森克彦『単身急増社会の衝撃』（日本経済新聞出版社、二〇一〇年）
（五）島田裕巳『人はひとりで死ぬ―「無縁社会」を生きるために』（NHK出版新書、二〇一一年）二七頁。
（六）梅田直美『戦後日本における「育児の孤立化」問題の形成過程に関する研究』（大阪府立大学学位論文、二〇一一年）
（七）梅田直美「戦後日本の団地論にみる『個人主義』と『家族中心主義』―『孤立』の言説史の視点から」（『方法としての構築主義』、勁草書房、二〇一三年）
（八）野村祥平「高齢者のセルフ・ネグレクトに関する先行研究の動向と課題」（『ルーテル学院研究紀要：テオロギア・ディアコニア』四一、二〇〇七年）
（九）同前
（一〇）内閣府経済社会総合研究所『セルフネグレクト状態にある高齢者に関する調査―幸福度の視点から』（内閣府、二〇一一年）
（一一）ニッセイ基礎研究所『セルフ・ネグレクトと孤立死に関する実態把握と地域支援のあり方に関する調査研究報告書』（ニッセイ基礎研究所、二〇一一年）
（一二）津村智恵子ほか「高齢者のセルフ・ネグレクトに関する課題」（『大阪市立大学看護学雑誌』二号、二〇〇六年）
（一三）岸恵美子『ルポ　ゴミ屋敷に棲む人々―孤立死を呼ぶ「セルフ・ネグレクト」の実態』（幻冬舎新書、二〇一二年）一三二頁。
（一四）増田光吉『鉄筋アパート街の生活をさぐる―西宮市北口団地社会教育実態調査の報告』（西宮市教育委員会、一九六〇年）

一〇〇頁。

（一五）日本住宅公団建築部調査研究課編『アパート団地居住者の社会心理学的研究―人間関係と社会意識を中心として』（日本住宅公団、一九六〇年）一四四頁。

（一六）前掲増田『鉄筋アパート街の生活をさぐる―西宮市北口団地社会教育実態調査の報告』一〇二―一〇三頁。

（一七）増田光吉「団地の家族―現代における適応の一姿態」（『ソシオロジ』一一号）一二五頁。

（一八）内閣府『国民生活審議会コミュニティ問題小委員会報告書　コミュニティ―生活の場における人間性の回復―』（内閣府、一九六九年）二頁。

（一九）厚生労働省『高齢者等が一人でも安心して暮らせるコミュニティづくり推進会議（孤立死ゼロを目指して）報告書』（厚生労働省、二〇〇八年）

終章　自由と人権をめぐって

林　尚之

本書のテーマは、自由と人権である。現代社会における人権問題を取り上げるにあたって、子どもの貧困やワーキングプア、高齢者の貧困、母子家庭の貧困など、すべての世代に共通する問題である貧困問題は避けては通れない。貧困問題に関する研究は、これまで社会福祉学や社会学の分野などで行われてきた。その研究視座の特徴は、往々にして、貧困問題を人々の生存権の問題としてとらえる点にある。本書では、これまで主に貧困問題としてとらえられてきた社会問題を、人間の自由の問題として問い直すことを試みた。私たちの生存は、国家・社会・市場のなかの準拠集団に所属することで保護されてきた。そういった準拠集団から逸脱し、疎外された人々の生存にも関心がむけられてきた。諸々の関係性のなかで保護されととらえ直され、疎外されてきた生存にむけられたまなざしにとって死角になってきたのは、まさに人権論のアキレス腱でもある濫用される自由の問題ではないだろうか。濫用が許されない権利は権利とはいえないにもかかわらず、野放図な自由は、積極的には擁護されてこなかったように思える。憲法上の権利を裁判によって救済することを重視する立場から、日本の憲法学は多種多様な権利欲求に基づいて人権論を組み立てることには禁欲的であったようにみえる。

しかし、自由というものが、権利というものが、濫用される可能性にひらかれていること自体を否定すれば、憲法上の権利すら獲得できないだろう。どのような権利を主張することが許されているのかあらかじめ規制してしまえば、権利の伸張などありえないからである。その意味で人間は本源的にはすべてが許されている。人が自らの欲求を権利として主張するなかで、新たな権利が生成し、それらを制限する秩序も生まれたのである。歴史世界のなかで人々は大いに自己を主張してきたのだし、その主張が普遍性を持たなくても、自己を主張した事実は痕跡として歴史に刻まれている。私は、歴史学こそが、人がはじめて自己の私欲を権利として強硬に主張することそのことの意味を問うことができると考えている。それは人間の非社交性にむきあうことでもある。社会内存在でありながら、社会に否応なしに背馳してしまう非社交性を人間が本源的に有していること、そのような非社交性にむきあうことで、人権、生存に対する新たな知見が得られるのではないだろうか。

本書を構想するきっかけになったのは、森光子の『吉原花魁日記—光明に芽ぐむ日』である。友人がジェンダー史を専攻していたこともあり、人権を考えるにあたってジェンダー史の知見には大いに学ばせてもらった。私がとりわけ興味をもったのは、女性が自己の身体を自己のものであると主張したとき、それは社会にとって余りあるものであり、そんなありふれた要求が社会との闘争を惹起したという点である。そして、私は彼女らの権利要求を支えていたのが社会との連帯より、むしろ文学を読み、日記を書くという行為が有する非社交性にあるのではないかと考えた。

無知蒙昧な状況におかれた森光子は楼という固く閉ざされた場所で、自分を売った母や周旋屋、楼主といった社会に復讐するために日記を綴った。その行為そのものが社会とは異なる居場所を彼女に与えたのである。森の日記には人間の尊厳を根こそぎ簒奪する陰惨な人間の世界が描かれている。生（性）を奪われるだけの吉原の生活のなかで娼妓ではなく一個の個人としての自己を捉え直す契機となったのが、日記を書くという行為を通じた言葉による気づきであり、ただひとつの楽しみである読書であった。書くこと、読むことを通じて彼女が感応した世界こそ、「死を賭して」まで彼女を楼の外部に逃走させたものであった。楼からの逃走よりも自由への「移動」が先行していたのである。

妾達がこんなに苦しんで、あえいで、そして諦める。妾は考えなければならない。また考えは母に行った。たとえ自分がどんなに困っても、また死ぬ程苦しくても、自分の可愛い子どもを売って迄も……。自分は、人間は浅ましいものだと思う。愛だとか、何だとか云っても、いざとなれば、その醜い本能を出してしまうのではないか？　母性愛！　妾は沁々と母の貴い愛に感じた。しかし、そうした母性愛の発露は、「よい境遇」があったからではないか。自分は淋しくなる。人間が嫌やになる。孤独！　孤独！　ああ、淋しい。然しこの淋しさから、妾は新しく生まれ出ねばならないのだ(一)。

最愛のものの裏切りが肉と血にみちた楼の生活を彼女に強いた以上、愛という人間的なものにすがりつくことはできない。しかも森のまなざしは、人間の行為が成立する条件にむけられている。母親の子に対する無条件の愛情すら偶然にも恵まれた「衣食足りて礼節を知る」者の「余裕」の産物とみる森の洞察は、自由意思を規定する構造の在処を鋭くえぐりだしている。楼の生活は人間の尊厳を奪い、過酷な生存条件を強いられるものであった。それ以上に救いがたいのは、自分の境遇は人間の意思を超えるものによってもたらされていることを認識しているがために彼女が感得せざるを得なかった絶望感であり孤独感である。人間の意思が仮象でしかないのなら、人間の善意に頼ることはできない。だが、家族や社会から切り離され、蟻地獄のような生活のなかで孤独の淵を凝視し続けたがゆえに、彼女は新しく生まれ変わることができたのである。日記を書くということ、それは世界の外にたつということを意味していた。

日記を書くこと、あますことなく世界を記録することの意味とは何か。たとえば、司馬遷は宮刑という屈辱を受けても死ぬことなく、生きて『史記』を書いた。彼の羞恥は世界全体を記録しようとする悪意に転化する。政治的権力者を世界の出来事のなかに組み込み、政治的権力者の絶対性を弱者の世迷い言にすることで復讐を試みた。その復讐に悪意という腐臭を嗅ぐことは容易である。司馬遷の史記世界の記録は、この世の愛するもの一切と決別することを意味していた。

司馬遷にとって書くという行為は生き恥を曝すことであった。史記世界を記録したからといって司馬遷が救われたわけではない。恥辱は司馬遷に筆をとらせ、筆をとることが恥を募らせた。記録者は世界全体を記録するが、記録者の場所は記録という行為のなかに無化していく。記録者は特権的な知から無縁である。記録者は世界のどこにも自分の居場所を見つけることができない。記録するまなざしは何ものでも無い、司馬遷は愛するものが空無化した何もない場所で世界全体を記録した。世界の記録者は、批判者でもあるが、世界から決定的にしめだされている。

森もまた記録することで、楼の世界から疎外されている。しかし、書くことは、世界を創り出し、自己を創り出すことでもある。なぜなら、記録することはその世界を過去のものとして終わらせることでもあるからである。それは新たな世界、新たな自己を生み出す行為でもある。自由は楼の外部にあったのではない。自由は、彼女のなかに、その生存を踏みにじられたことに対する憤激のなかに、確かに存在していたのである。書くことは、かつて「私」が存在した世界を取り集めて認識する作業にほかならない。しかし、世界を記録するという行為は、「私」が存在することは過去として過ぎ去った世界のなかには収まらないことを告げ知らせる。なぜなら、過去を思い出し、来るべき未来を悲観するということは、時間系列全体を俯瞰していることであり、それは時間の流れのなかで立ち止まるという時間外部的なあり方であるからである。

しかし、そういった観察者としての立場も流れ去る現在のなかにいるかぎり、流れる現在を完全に対象化（記述）することはできない。つまり「私」が存在することは、刻一刻と流れる今のなかにも、反省的に構成された過去、現在、未来といった時間位置系列のなかにも収まらないことがわかる。「私」が存在すること、それは時間的に存在するのとは別のあり方を示唆している。それは反省的に対象化されない事実である。不断に流れる今のなかで散逸する出来事を取り集めことで、時間位置系列におけるある継起点として世界を反省的に構成している時間化のその働きのまっただ中においても「私」は存在しているからである。そういう意味で「私」が存在していることは、時間に、世界に先立っている。「私」は流れつつ立ち止まるという両義性のもとで存在していることで、時間を、世界を構成しているのであり、時間を構成している働きそのものを時間系列のなかに対象化することはできない。「私」の存在そのものが、時間によって有限化されている世界や社会の外部なのである。

書くという行為は、「私」の存在そのものが世界のなかで十全に掴みきれるものでないことを自覚させる契機であった。「私」が存在することは、「私」の主観が操作することができない外部なのである。「私」の存在は、換言すれば、生は身も蓋もないかたちで意思とは関わりなく強いられたものである。どのように生まれ、どのように生を全うするかは人の意思を超えているものである。「私」にとって「私」の存在はすでにつねに外部なのである。このことを書く人であった森や司馬遷はどこかで感得していたのである。だから書くことは、書くことだけでは完結せず、ときに人をして途方もない自由な行為へとむかわせる。

楼から脱出し、恐怖に襲われながらも白華婦人の邸宅にむかう道中で、彼女の自由の行く手を阻むものは、公娼制度を支える社会であり、そのなかで翻弄されてきた娼妓としての自己であった。

けれど、決してこれは悪事ではない、寧ろ正義の為の闘いだ。只自分一人の問題じゃない、あの人たちの幸福への試練だ。「そんな弱気でどうする？　そんな誤った道徳に支配されてどうするのか、まだこれからさき、これより酷い悪い事！　楼主達に対してなさねばならないお前ではないか？　もっと強く強くなれ！」こう何物かが囁いているようだった。そして、それがどれほど自分を励ましてくれたか知れない(二)。

逃走劇は、楼からの逃走であるとともに、娼妓から何ものでもない存在へと逃走する過程でもあった。誰もが社会のなかで制度のなかで生きている。個人は社会内存在である。しかし、おそらくそれは人間のある一面を表しているに過ぎない。人は自らの生存を賭して自己の尊厳を主張するとき社会や制度とは異なる地平にたっている。権利はこうした地平を経由することなくしては、普遍性を獲得できないのではないか。その地平とは先述した存在することの外部性である。「私」が存在することに、根源的な自由が生起しているのである。存在することにおいて、固有名、属性は剥ぎ取られ、一個の純粋な個人へと還元される自由な世界、すべてであるような自由な世界が招来している。そういった自由は決して社会や法によって与えられたものではない。社会や法のまえに自由が先んじているのである。このような世界が確かに存在していることを感知していたからこそ、彼女は楼の世界を相対化し、娼妓でない自分と邂逅できたのである。

楼のなかにも、その外部にもない自由な世界とは、彼女が「神様」と呼びかけるもの、逃走劇で自分の身に次から次に幸運が襲いかかる出来事の総体である。これまでの受苦を洗い流すかのように落ちてくる幸運が逃走を導いてくれる。恩寵として訪れる世界、その世界を感応していたからこそ彼女は楼からの自由を、自己の身体を取り戻したのである。このような世界から人間の生存を問うこと、それは必然的に自由の問題に帰結する。国家や社会のなかからは決してみえない人権の地平を眺望するためには、人が自己の欲求を権利として主張する局面に顕現する非社交性にむきあい、人間の自由を洞察することが必要である。

かつて不登校、社会的孤立、子殺しは、貧困問題として社会問題化されてきた。時代を経ることで、豊かな社会における現代の病理としてとらえなおされるようになる。そして、現在、ひきこもりやセルフ・ネグレクト、児童虐待が再び貧困問題の文脈で焦点化されるようになった。貧困問題は確かに生存権の問題として重要ではある。しかし、そうした社会問題は、人間の自由をめぐる様々な「難問」を孕んでいる。不登校、社会的孤立、子殺しといった問題は、私たちをして、自由の無根拠性にむきあわせる。国家、社会、市場のなかで生じる、こうした社会問題を人間が自由な存在ゆえに生じた問題として問い直すことができるのではないか。それらは、権利濫用として非難されても仕方ない自由の行使の結果生じたものかもしれない。しかし、人々は現に自由を享受してきたのだし、これからも自由を濫用する個人は存在し続けるのである。こうした人間の自由の現実こそが新たな人権論の鉱脈なのである。このような現実のまえに私たちはたちどまらなければならない。そこから人権に関する新たな探究がはじまるのである。

（一）　森光子『吉原花魁日記―光明に芽ぐむ日』（朝日新聞出版、二〇一〇年）二六八頁。

（二）　同前、三〇四頁。

［付記］本書は、平成二八年～三〇年文部科学省研究費補助金（基盤C）による研究成果の一部である。

【著者紹介】

林　尚之

大阪府立大学大学院博士後期課程修了、博士（人間科学）。日本学術振興会特別研究員を経て、現在、立命館大学衣笠総合研究機構専門研究員。

主要業績：『主権不在の帝国―憲法と法外なるものをめぐる歴史学』（有志舎、二〇一二年）、「憲法「全面改正」運動と戦後政治の形成―主権論からみた自主防衛と自主憲法」（『日本史研究』第六〇七号、二〇一三年三月）、林尚之・住友陽文編『立憲主義の「危機」とは何か』（すずさわ書店、二〇一五年）ほか多数。

梅田直美

大阪府立大学大学院博士後期課程修了、博士（人間科学）。現在、奈良県立大学地域創造学部講師。

主要業績：「戦後日本の団地論にみる『個人主義』と『家族中心主義』」（中河伸俊・赤川学編『方法としての構築主義』勁草書房、二〇一三年）ほか。

OMUPブックレット　刊行の言葉

今日の社会は、映像メディアを主体とする多種多様な情報が氾濫する中で、人類が生存する地球全体の命運をも決しかねない多くの要因をはらんでいる状況にあると言えます。しかも、それは日常の生活と深いかかわりにおいて展開しつつあります。時々刻々と拡大・膨張する学術・科学技術の分野は微に入り、細を穿つ解析的手法の展開が進む一方で、総括的把握と大局的な視座を見失いがちです。また、多種多様な情報伝達の迅速化が進む反面、最近とみに「知的所有権」と称して、一時的にあるにしても新知見の守秘を余儀なくされているのが、科学技術情報の現状と言えるのではないでしょうか。この傾向は自然科学に止まらず、人文科学、社会科学の分野にも及んでいる点が今日的問題であると考えられます。

本来、学術はあらゆる事象の中から、手法はいかようであっても、議論・考察を尽くし、展開していくのがそのあるべきスタイルです。教育・研究の現場にいる者が内輪で議論するだけでなく、さまざまな学問分野のさまざまなテーマについて、広く議論の場を提供することが、それぞれの主張を社会共通の場に提示し、真の情報交換を可能にすることに疑いの余地はありません。

活字文化の危機的状況が叫ばれる中で、シリーズ「OMUPブックレット」を刊行するに至ったのは、小冊子ながら映像文化では伝達し得ない情報の議論の場を、われわれの身近なところから創設しようとするものです。この小冊子が各種の講演、公開講座、グループ読書会のテキストとして、あるいは一般の講義副読本として活用していただけることを願う次第です。また、明確な主張を端的に伝達し、読者の皆様の理解と判断の一助になることを念ずるものです。

平成18年３月

OMUP設立五周年を記念して
大阪公立大学共同出版会（OMUP）

ＯＭＵＰの由来

大阪公立大学共同出版会（略称ＯＭＵＰ）は新たな千年紀のスタートともに大阪南部に位置する５公立大学、すなわち大阪市立大学、大阪府立大学、大阪女子大学、大阪府立看護大学ならびに大阪府立看護大学医療技術短期大学部を構成する教授を中心に設立された学術出版会である。なお府立関係の大学は2005年４月に統合され、本出版会も大阪市立、大阪府立両大学から構成されることになった。また、2006年からは特定非営利活動法人（NPO）として活動している。

Osaka Municipal Universities Press(OMUP) was established in new millennium as an association for academic publications by professors of five municipal universities, namely Osaka City University, Osaka Prefecture University, Osaka Womens's University, Osaka Prefectural College of Nursing and Osaka Prefectural College of Health Sciences that all located in southern part of Osaka. Above prefectural Universities united into OPU on April in 2005. Therefore OMUP is consisted of two Universities, OCU and OPU. OMUP has been renovated to be a non-profit organization in Japan since 2006.

OMUPブックレット No.59

自由と人権

―社会問題の歴史からみる―

2017年３月10日　初版第１刷発行

著　者　林　尚之・梅田　直美

発行者　足立　泰二

発行所　大阪公立大学共同出版会（OMUP）

〒599-8531 大阪府堺市中区学園町１－１

大阪府立大学内

TEL　072（251）6533　FAX　072（254）9539

印刷所　和泉出版印刷株式会社

ISBN978－4－907209－70－4